Bibliothèque de Philosophie scientifique

FÉLIX LE DANTEC
Chargé de Cours à la Sorbonne

De l'Homme à la Science

PHILOSOPHIE DU XXe SIÈCLE

La Science, créée par l'homme, peut-elle étudier l'homme ?

PARIS
ERNEST FLAMMARION, ÉDITEUR
26, RUE RACINE, 26

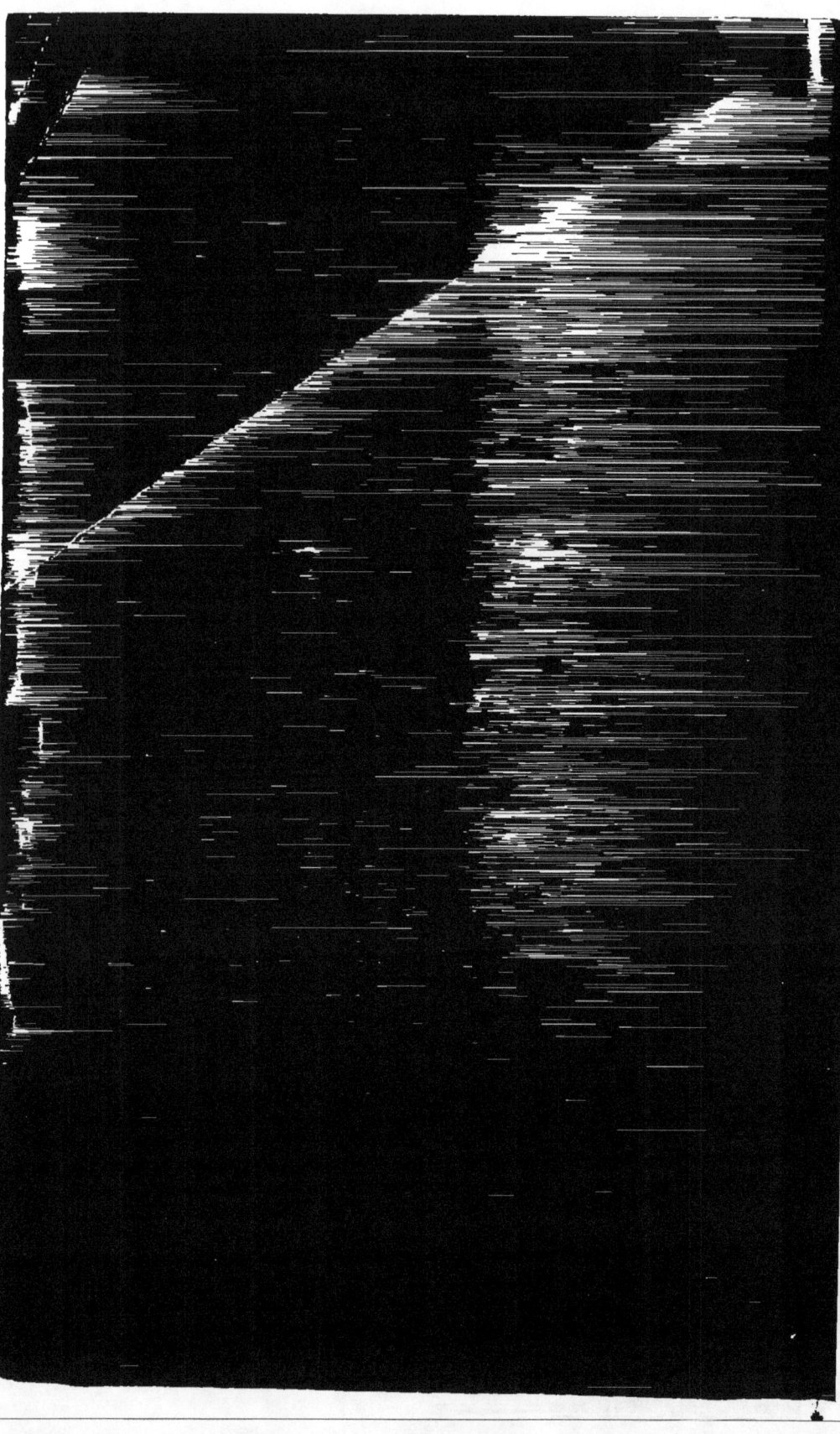

De l'Homme à la Science

PHILOSOPHIE DU XXᵉ SIÈCLE

AUTRES OUVRAGES DU MÊME AUTEUR

A la librairie E. Flammarion :

Les Influences ancestrales (8ᵉ mille). 1 vol. in-18. .	3 50
La Lutte universelle (6ᵉ mille). 1 vol. in-18	3 50
L'Athéisme (8ᵉ mille)	3 50

A la librairie A. Colin :

Le Conflit. Entretiens philosophiques. 4ᵉ édit. 1 vol. in-16.	3 50

A la librairie Félix Alcan :

Théorie nouvelle de la vie. 4ᵉ édition. 1 vol. in-8, cart.	6 »
Le Déterminisme biologique et la personnalité consciente. 3ᵉ édition. 1 vol. in-16.	2 50
L'Individualité et l'erreur individualiste. 2ᵉ édition. 1 vol. in-16.	2 50
Évolution individuelle et hérédité. 1 vol. in-8, cart.	6 »
Lamarckiens et Darwiniens. 3ᵉ édition. 1 vol. in-16.	2 50
L'Unité dans l'être vivant. 1 vol. in-8.	7 50
Les Limites du connaissable. 2ᵉ édition. 1 vol. in-8.	3 75
Traité de Biologie. 2ᵉ édit. 1 vol. grand in-8 illustré.	15 »
Les Lois naturelles. 1 vol. in-8. 2ᵉ édition	6 »
Introduction à la Pathologie générale.	15 »
Éléments de philosophie biologique. 1 vol. in-16. .	3 50

[*Bibliothèque de Philosophie scientifique*]

FÉLIX LE DANTEC

CHARGÉ DE COURS A LA SORBONNE

De l'Homme à la Science

PHILOSOPHIE DU XXe SIÈCLE

La Science, créée par l'homme,
peut-elle étudier l'homme ?

PARIS
ERNEST FLAMMARION, ÉDITEUR
26, RUE RACINE, 26
—
1907

Droits de traduction et de reproduction réservés pour tous les pays,
y compris la Suède et la Norvège.

Published, Paris, 30 octobre 1907.
Privilege of Copyright in the United States reserved under the Act
approved March 3, 1905,
by Ernest FLAMMARION, Paris.

Publié à Paris, le trente octobre mil neuf cent sept.
Privilège du droit d'auteur aux États-Unis, réservé en vertu de la loi
sanctionnée le 3 mars 1905,
par ERNEST FLAMMARION, éditeur á Paris.

A Victor PACOTTE

Voilà bien dix ans, cher ami, que vous vintes m'entretenir de vos préoccupations sociales; vous aviez lu mes premiers livres, et vous étiez convaincu qu'on peut tirer de l'étude raisonnée de la Biologie des règles sociologiques. Quoique plein alors d'une présomption juvénile, je ne me laissai pas séduire, vous vous en souvenez, par vos affirmations enthousiastes; mais je fus saisi d'admiration pour votre vie si noble, pour le courage avec lequel, fatigué du labeur écrasant de la journée, vous preniez sur vos heures de repos le temps nécessaire à vos études; je fus frappé aussi de la probité vraiment scientifique que vous apportiez à votre documentation si difficile ; je m'étonnai surtout de voir que, plein du rêve d'une humanité plus haute, vous vous contentiez d'en réaliser le type sans vouloir imposer aux autres hommes vos généreuses utopies.

Depuis lors, nous ne nous sommes guère quittés; ni la fatigue ni la maladie ne vous ont empêché de suivre, au milieu d'autres lectures plus fructueuses, mes déductions et mes hésitations de chercheur. Voilà que je me demande aujourd'hui, si je ne vous ai pas fait perdre votre temps !

La biologie que je rêve est une philosophie, ou si vous préférez (c'est tout un pour moi), une mécanique des êtres vivants; elle a pour but de placer la vie au milieu des autres phénomènes naturels, et de la raconter dans le langage de la physique et de la chimie. La vie de l'homme n'est plus alors que l'histoire des déformations d'une enveloppe dont le contenu est sans cesse en équilibre avec l'ambiance. Et ce qui se passe à l'intérieur de l'enveloppe ne diffère pas *essentiellement* de ce qui se passe à son extérieur ; ce sont des phénomènes d'équilibre atomique, moléculaire, colloïde, dont le *détail* est le même que pour les corps bruts. C'est presque une pure convention, c'est même peut-être une convention assez difficile à justifier objectivement, qui nous conduit à séparer du monde ambiant le contenu d'une enveloppe où il se produit des réactions assimilatrices. Pour un observateur de la dimension des atomes, cette séparation serait dépourvue de sens. La biologie que je rêve ne connaît pas les individus !

La sociologie ne connaît que des individus ! Ce qui est une erreur redoutable en biologie est le fondement même des sociétés. La biologie ignore les personnes ; elle ignore donc le bien, le mal, la justice, la responsabilité, le mérite ; elle répudie toutes les notions qui sont la base d'une organisation sociale. Parler d'un « individu responsable » est, en biologie une absurdité ; parler d'un individu sain et irresponsable est, en sociologie une absurdité équivalente. L'erreur volontaire par laquelle on a créé les individus, crée en même temps tout ce qui découle de la notion d'individu. Je vous dis tout cela trop succinctement ici, et je vous prie de lire à ce sujet tout le chapitre XI de ce volume.

Je viens d'employer plusieurs fois le mot erreur ; pour moi biologiste, toute notion est erronée, qui ne peut pas se traduire dans le langage de la mécanique universelle ; mais alors, les vérités humaines sont toutes des erreurs !

Comment se peut-il que la mécanique universelle, la

science des sciences, contredise les *vérités humaines*? C'est que l'éducation de l'homme s'est faite à l'échelle de l'homme; toutes ses notions familières sont nées de son frottement avec les objets extérieurs; il n'a connu les phénomènes des échelles plus petites que par leur répercussion sur les objets qui sont à sa taille. Or, aucune vérité de la mécanique universelle ne peut être établie à une échelle considérée seule. La conservation de l'énergie résulte de l'équivalence de mouvements mécaniques observables à l'échelle de l'homme, et de mouvements plus petits que nous ignorons en tant que mouvements. L'éducation de *l'homme individu* est faite de documents qui sont tous, parce qu'incomplets, des erreurs pour la mécanique universelle. Du besoin de boucher les trous de cette documentation incomplète est née la théorie spiritualiste... Il faut donc bien distinguer l'erreur scientifique et l'erreur humaine, et une telle constatation suffit à expliquer l'éternel malentendu qui séparera toujours les théoriciens de la vérité humaine et ceux de la vérité scientifique. A mon avis, la sociologie n'a pas besoin de la biologie, mais seulement de « l'histoire naturelle ». Elle n'est elle-même que l'histoire naturelle des sociétés formées d'individus. La sociologie ainsi définie, et ayant à sa base une erreur scientifique volontaire, ne saurait prétendre à un rang honorable dans la philosophie qui rêve l'unification de nos connaissances.

Mais alors, à quoi nous auront servi nos études biologiques? Si elles nous ont été quelque peu utiles en nous délivrant d'erreurs dont nos pères ont souffert, ne nous ont-elles pas, en même temps, privés de bien des joies et de bien des fiertés, en nous amenant à qualifier d'erreurs scientifiques les mobiles les plus hauts de nos initiatives généreuses! Voilà quelles pensées me viennent au moment où j'envoie ce volume à l'impression; voilà pourquoi, cher ami, j'ai songé à inscrire votre nom sur sa première page.

Dans le volume qui lui fera suite, je m'efforcerai de montrer comment les *vérités* à l'échelle humaine sont des conséquences forcées de l'erreur individualiste première, base des sociétés. Cela me sera plus facile, maintenant que je crois avoir compris, en introduisant en biologie la notion féconde d'équilibre, l'origine des phénomènes d'imitation. J'avais échoué dans une tentative de cet ordre il y a quelques années; aujourd'hui vous verrez que je considère le phénomène de résonance ou « d'imitation chez les corps bruts » comme l'élément essentiel de l'assimilation caractéristique de la vie: c'est un pas de plus dans la réalisation de mon désir primitif : placer la vie au milieu des autres phénomènes naturels. Dois-je m'en féliciter?

Quoique vous en puissiez penser, acceptez, je vous prie, la dédicace de cet ouvrage, comme un témoignage de ma haute estime pour votre caractère, et de ma vive sympathie pour votre personne, une de celles qui me font regretter le plus que la notion d'individualité soit une erreur, dans le langage de la mécanique universelle.

Félix Le DANTEC.

De l'Homme à la Science

PHILOSOPHIE DU XXᵉ SIÈCLE

INTRODUCTION

Au XXᵉ siècle, nous attendons tout de la Science; nous lui demandons même de nous apprendre ce que nous sommes, ce qu'est la Vie. Mais la Science, fille de l'homme, est-elle devenue assez indépendante, s'est-elle suffisamment libérée de son origine, pour être capable d'étudier celui qui l'a créée ? Si elle nous donne, sur notre propre nature, des indications qui contredisent nos croyances, devrons-nous accepter ses enseignements ? Ferons-nous table rase de tout notre passé pour nous livrer sans contrôle à la Science ? Et si nous reconnaissons que les données de la Science sont au-dessus de toute discussion, n'y aura-t-il pas danger à nous en servir pour nous disséquer nous-mêmes ? Voilà, me semble-t-il, des problèmes dont ne saurait se désintéresser aucune philosophie.

C'est parce que j'ai abordé ici ces questions fondamentales que j'ai donné à cet ouvrage le titre de

Philosophie du XXe *siècle,* titre prétentieux sous lequel se cache un modeste travail de traducteur. Je me suis proposé le plus souvent, en effet, de traduire en langue vulgaire ce qui avait été établi en langue scientifique, et, quelquefois aussi, de traduire en langue scientifique, pour les comparer aux données de la Science, des principes formulés en langue vulgaire. J'ai été seulement un chercheur ou même un traducteur de formules.

Car la langue vulgaire et la langue scientifique ne sont pas seulement différentes ; elles sont opposées. Souvent, ce qui s'exprime aisément dans l'une ne peut être traduit dans l'autre, ou s'y présente, si la traduction est possible, comme une prodigieuse absurdité. Il n'est donc pas indifférent de parler l'une ou l'autre de ces deux langues ; nos idées, nos croyances dépendent de la langue que nous parlons.

La Science n'est, en quelque sorte, que la narration *impersonnelle* de l'expérience humaine. La langue vulgaire raconte la même expérience en peuplant l'univers d'individus, de personnes, d'entités. Ces deux narrations sont souvent contradictoires. Et cependant, la langue vulgaire, qui a précédé l'autre, a servi à l'établir ! N'y a-t-il pas là quelque chose d'extraordinaire ? Le langage courant, personnel et individualiste, a servi à édifier la Science, qui ne doit pas être personnelle, qui même, si notre rêve se réalisait, ne serait pas *spé-*

cifique. La science idéale, en effet, ne serait pas la vérité pour un homme donné à l'exclusion des autres hommes, ni même pour l'espèce humaine à l'exclusion des autres espèces : elle devrait être la vérité pour tout mécanisme conscient capable d'effectuer des mesures.

Un tel rêve n'est-il pas démesurément ambitieux ? L'homme a-t-il pu créer quelque chose qui ne soit plus humain, qui soit dégagé de son origine humaine ? Les partisans de la tradition affirment que non : ils défendent à la Science d'étudier l'homme créateur de la Science. Et cependant, le xixe siècle a fait une découverte, prodigieuse dans ses conséquences philosophiques, découverte qui doit, me semble-t-il, faire pencher la balance du côté de la possibilité d'une Science vraiment impersonnelle et extra-humaine : je veux parler des principes d'équivalence[1] que l'on résume aujourd'hui dans la formule de « la conservation de l'Énergie ».

Pouvons-nous rêver des choses plus différentes qu'une odeur, une saveur, une température, un mouvement ? Nous concevons que les animaux dif-

---

(1 Je dis les principes d'équivalence et non la conservation de l'énergie, car quelques savants croient que la conservation de l'énergie n'est pas un principe inattaquable ; mais même si ces savants avaient raison, les principes d'équivalence n'en établiraient pas moins une commune mesure des qualités, en apparence essentiellement différentes, que nous connaissons dans le monde.

férents de nous aient des sens différents des nôtres, mais il ne nous paraît pas possible que les documents définis par leurs sens spécifiques soient plus différents de ceux qui sont définis par les nôtres, que ces derniers ne le sont entre eux. Eh! bien, les savants ont trouvé en quelque sorte la commune mesure de ces documents si disparates ; cette commune mesure, c'est l'énergie. Aujourd'hui, dans le langage énergétique, on peut *additionner*, comme des quantités de même nature, du travail mécanique, de la chaleur, des provisions de substances chimiques connues de nous par le goût ou l'odorat, etc.

Si d'autres espèces animales, si d'autres mécanismes conscients, découpent, à leur taille, des tranches spécifiques dans le monde ambiant, y créent des qualités, comme nous avec nos divers sens, nous sommes en droit de penser que, traitées d'une certaine manière, les mesures correspondant à ces qualités spécifiques pourraient, elles aussi, être additionnées à nos quantités d'énergie. L'énergétique nous fait l'effet d'une table merveilleuse, sur laquelle on pourrait étaler, pour les unifier et les comparer, toutes les choses mesurables. La mécanique universelle peut, grâce à cette table magique, être vraiment universelle. Et quand nous nous servons de cette table pour disséquer la *Vie*, pour étudier l'homme lui-même, nous ne sommes plus gênés par l'origine humaine de notre science.

Voilà principalement ce que je veux établir dans le premier livre de cet ouvrage; je le ferai avec toutes les précautions possibles, en retournant en tout sens chaque affirmation avant de l'adopter et en prenant même, chaque fois que je le pourrai, la position d'un ennemi de l'impersonnalité scientifique. Une comparaison nautique me sera d'un grand secours dans ce premier livre; mais il ne faut voir dans cette comparaison qu'un procédé destiné à donner une forme imagée à un langage précis.

J'ai déjà traité, à un point de vue différent, la question des rapports de l'homme et de la Science dans un livre écrit il y a trois ans: *Les Lois naturelles*[1]. Dans ce livre, que les philosophes ont appelé un essai de criticisme, je m'étais proposé de montrer que l'homme a le droit de discuter les principes de la Science, et d'en rechercher l'origine dans son histoire à lui homme; je m'étais attaché, en particulier, à exposer la genèse expérimentale des mathématiques.

Dans le présent ouvrage, je me propose, au contraire, de montrer que la Science a le droit d'étudier l'homme, parce que, née de l'homme, elle n'a plus conservé de son origine humaine que sa forme extérieure. Je serais heureux que les lecteurs, qui auront trouvé quelque intérêt au livre que je leur

---

(1) *Bibliothèque scientifique internationale.* Paris, Alcan, 1904.

offre aujourd'hui, voulussent bien prendre la peine de lire ensuite *Les Lois naturelles*.

Une fois établie la valeur philosophique de la notion d'énergie, je n'en rechercherai pas l'intérêt pratique. La physique, la chimie, sciences pratiques, ont, par leurs applications, fait de l'homme le roi incontesté des animaux. Je n'étudierai ici, parmi les questions scientifiques générales, que celles dont on peut tirer parti pour l'étude ultérieure de la vie de l'homme.

En possession de la notion d'énergie, j'indiquerai brièvement ce que nous savons de plus général sur les écoulements d'énergie, sur les provisions, sur les amorçages, les *commencements* en un mot, questions essentielles qui faciliteront l'introduction de la biologie dans la mécanique universelle.

Le principe de la conservation de l'énergie, en nous faisant connaître les *liaisons* des divers phénomènes que nous croyions isolés, nous conduit à la notion féconde d'*équilibre*, notion féconde au point de vue philosophique, puisqu'elle nous apprend qu'aucun corps ne peut exister par lui-même ; féconde aussi, au point de vue de la généralisation scientifique, puisque la langue de l'équilibre permet de raconter presque tout.

L'équilibre nous fera toucher du doigt la *transportabilité* qui en est en quelque sorte l'antagoniste, *transportabilité* si essentielle à l'étude des corps chimiquement définis, et aussi à celle des corps vivants, pour lesquels elle prend le nom d'*hérédité*. Le modèle le plus parfait de la transportabilité nous étant fourni par les corps de la chimie, j'ai eu le tort, dans quelques-uns de mes ouvrages, d'employer le mot *chimique* comme synonyme du mot *transportable*. Ce n'était là, il est vrai, qu'un abus de mot, sans importance tant qu'il ne s'agissait pas de l'échelle à laquelle se passent les phénomènes observés. Depuis que je me suis occupé de la question d'échelle, j'ai constaté une transportabilité non moins merveilleuse chez des corps *plus élevés en organisation* que les corps chimiquement définis, les *colloïdes*, et j'ai essayé de séparer, dans les phénomènes vitaux, les manifestations colloïdes des manifestations chimiques proprement dites (voir en particulier *Introduction à la Pathologie générale*[1], *La Lutte universelle*[2] et *Éléments de Philosophie biologique*[3]).

Parmi les phénomènes d'équilibre, il en est un grand nombre qui peuvent être rangés sous une dénomination commune : ce sont les phénomènes de *résonance*, dans lesquels nous trouvons, chez les corps inanimés, l'équivalent et le point de départ de la faculté d'imitation. Leur importance est incal-

(1) Alcan, 1905.
(2) Flammarion, 1906.
(3) Alcan, 1907.

culable pour l'étude de la biologie, ainsi que j'essaierai de le montrer succinctement.

Ces grandes questions étudiées, on pourrait entreprendre immédiatement l'exposé des phénomènes vitaux, mais il est un mot de la langue courante que l'on emploie beaucoup en biologie depuis Darwin, et dont les philosophes font souvent une sorte de divinité mystique : le *hasard* ; j'essaierai, après de brèves considérations sur la notion de *loi*, d'enlever au dieu *Hasard* son caractère personnel et antiscientifique ; cela me permettra de montrer, en outre, une conséquence importante de la question d'échelle étudiée dans les chapitres précédents.

Enfin, je dirai quelques mots des *mesures*. Si les mesures que nous faisons étaient parfaites, toute trace de personnalité humaine disparaîtrait de la Science. C'est par l'imperfection de nos mesures que se conserve, dans notre mécanique universelle, le coefficient humain.

Dans une deuxième partie, très résumée naturellement, puisque j'ai consacré à cette question des ouvrages nombreux, je construirai en quelques pages le plan d'une biologie *objective* basée sur les principes établis dans la première partie.

Dans un second volume, qui paraîtra quelques mois après celui-ci, je me propose de montrer ce qui résulte, pour l'homme considéré dans sa subjectivité, des règles établies par la biologie objective. Devons-nous nous louer d'avoir satisfait aux exigences de notre curiosité scientifique ? Cette Science, que nous avons créée nous-mêmes, ne sera-t-elle pas comme une tunique de Nessus que nous ne pourrons plus détacher de nos épaules ? Après avoir détrôné les Dieux, qui étaient comme elle une création humaine, une création de la langue individualiste, ne deviendra-t-elle pas aussi dangereuse qu'eux pour le bonheur et le repos de l'humanité ? Ces rêves de repos et de bonheur ne sont-ils pas d'ailleurs des utopies que la Science doit ignorer ? Les joies de l'art trouveront-elles grâce elles-mêmes devant le scalpel de l'impitoyable anatomiste ? Je n'hésiterai pas à montrer, dans chaque cas, ce qui me paraît être la vérité. Mais quand j'aurai, pour terminer, discuté la question de la liberté dans un dialogue où l'un des champions emploiera la langue courante et l'autre la langue scientifique (ou du moins sa traduction), quand j'aurai établi, sur des bases qui me paraissent indiscutables, la théorie désolante de la conscience épiphénomène, combien y aura-t-il de gens à *accepter* ma manière de voir ?

Il est bien difficile de ne pas faire de la logique de sentiment quand il s'agit de ce qu'on a de plus précieux au monde ; la logique pure paraît sèche et irritante. J'en ai fait l'expérience dans un ouvrage récent qui a été blâmé par tout le monde, du moins partiellement. Dans ce livre, je montrais d'abord que les progrès des sciences *nécessitent* l'abandon des vieilles croyances et des traditions les plus respectées; puis j'exprimais combien me paraît pénible pour un homme actuel le désarroi qui provient de cet abandon *nécessaire*. Pour la première partie de l'ouvrage, j'ai été vilipendé par les partisans de la tradition et loué par ses ennemis. Pour la deuxième, au contraire, j'ai été loué par les croyants et blâmé par ceux qui voient dans l'avènement de la Science la promesse d'une ère de bonheur pour l'humanité. Tous m'ont jugé avec leur sentiment, et non avec leur logique ; et cela est bien naturel.

C'est qu'en effet les hommes se vantent quand ils prétendent qu'ils cherchent la vérité ; chacun d'eux croit l'avoir trouvée, et veut imposer aux autres son opinion. Nous nous entendrions bien plus aisément si nous voulions comprendre que, ce qui nous sépare les uns des autres, c'est purement une question de méthode. La méthode qui consiste à partir uniquement des choses mesurables ne laisse prise à aucune discussion ; mais jusqu'où peut-elle aller? Peut-on l'appliquer à tout, même à la vie? Pour ma part, j'en suis convaincu et j'essaierai de le montrer ici.

Félix LE DANTEC.

Ty plad en Pleumeur Bodou, 13 mai 1907.

P.-S. — Cet ouvrage était écrit quand a paru

un livre de M. Bergson : *L'Évolution créatrice*, dans lequel le célèbre professeur prétend montrer l'insuffisance du point de vue mécaniste pour l'étude de la vie. J'ai fait mon possible pour comprendre la méthode que propose l'éminent métaphysicien. Mon impression est que son livre est une œuvre d'art plus que de science, et que sa « méthode » résulte d'un artifice qui consiste à confondre sans cesse, dans un langage harmonieux, deux attitudes qui s'excluent : l'attitude mécaniste et l'attitude finaliste. Dans un article de la *Revue du Mois* (août 1907), j'ai essayé de montrer le danger de cette manière de faire.

Au commencement du xxe siècle, il me paraît surtout utile d'élucider les questions de méthode, et je crois que le livre de M. Bergson a pour résultat principal d'en accentuer la confusion, en donnant un aliment de haut goût à notre mysticisme héréditaire.

F. D.

2 juillet 1907.

LIVRE I

L'IMPERSONNALITÉ DE LA SCIENCE

> « L'homme est comme un vaisseau battu par la tempête. »

CHAPITRE I

Routine et Science[1].

§ I. — DIFFICULTÉ DE COMPARER LA VIE A CE QUI N'EST PAS VIVANT.

Un vaisseau qui navigue dans la brume donne une image assez suggestive de ce qu'était la vie de l'homme avant l'ère scientifique ; que le ciel s'éclaircisse, le sillage, les promontoires, les phares, les astres deviennent visibles ; la navigation prend un caractère nouveau, représentant plutôt la vie de l'homme du xxe siècle dans les pays civilisés.

Il est très difficile de comparer un animal ou un homme à quelque chose qui n'est pas vivant. Ces

(1) *Revue philosophique*, juillet-septembre 1907.

sortes de comparaisons sont incomplètes et dangereuses ; on est ordinairement amené à modifier volontairement certaines particularités pour les rendre utilisables. Le parallèle entre une barque et un organisme pensant ne présente pas le même inconvénient, parce que, dans la barque qui navigue, il y a des hommes et qui pensent. Aussi la barque, contenant des hommes, est-elle quelque chose de plus complexe que l'homme, puisque l'activité de la barque provient des activités coordonnées de plusieurs instruments conduits par plusieurs hommes. Mais si cette activité est plus complexe dans ses moyens, elle est plus simple dans son résultat total, car la seule chose intéressante pour la barque est le chemin qu'elle parcourt, tandis que les opérations humaines peuvent être envisagées à une infinité de points de vue. Si donc on se préoccupe seulement du résultat, le bateau est beaucoup plus simple que l'homme, quoiqu'on ait pu dire avec raison que le paquebot est, de nos jours, le plus merveilleux résumé des conquêtes de la Science et de l'industrie. Ainsi, il pourra être instructif de comparer, non pas l'homme et le paquebot, mais la *vie* de l'homme et la *route* du vaisseau.

§ 2. — JOURNAL DE BORD ET POINT ESTIMÉ.

La position du bateau envisagé à un moment donné dépend de toute la route qu'il a parcourue jusqu'à ce moment et des conditions réalisées autour de lui au moment considéré. Un instant après, il a changé de position ; nous disons qu'il a marché, mais, en réalité, nous savons pertinemment qu'il n'a pas marché tout seul ; son déplacement, ses changements de situation et de direction ne dépendent uniquement ni de lui ni du milieu, mais de relations établies entre lui et le milieu. Ses organes moteurs ne sont moteurs que par leur action sur le milieu ambiant et par la réaction du milieu. Sans la résistance de l'eau, l'hélice ne serait pas propulsive, le gouvernail ne gouvernerait pas. Le bateau est en outre soumis au courant qui, indépendamment de sa *volonté*, l'entraîne comme un bouchon ; le vent et d'autres facteurs indépendants de sa *volonté* lui donnent de la *dérive*. Il faut tenir compte de tous ces éléments pour connaître la route du bateau à chaque instant. Ces éléments sont de deux catégories, nous venons de le voir. Il y a d'abord ceux qui résultent du mécanisme propulseur et du gouvernail, et dans lesquels le *libre arbitre* du vaisseau entre en jeu ; les autres (courant, dérive) sont des agents vis-à-vis desquels le bateau joue un rôle passif, et auxquels il ne peut apporter *volontairement* aucune correction immédiate.

La route suivie par le bateau est la somme, l'intégrale de tous ces déplacements élémentaires, qui dépendent à chaque instant de tant de facteurs actuels. Connaissant le point de départ d'un voyage nautique, il faudra mesurer, instant par instant, toutes les variations de vitesse, de direction, de dérive, pour deviner le point où se trouvera le vaisseau à un moment ultérieur. Cette connaissance étant du plus haut intérêt pour les hommes qui habitent le navire, ils ont pris l'habitude de tout noter aussi consciencieusement que possible, sur ce qu'on appelle le *journal de bord*.

Si le journal de bord était parfait, il suffirait à donner avec exactitude à chaque instant la situation d'un paquebot dont on aurait connu le point de départ et la direction initiale. En fait, sur certaines routes océaniques très fréquentées, on connait suffisamment les courants établis pour pouvoir faire à chaque instant un *point estimé* qui ne manque pas de précision. Il n'est pas rare qu'un paquebot parti du Havre arrive à New-York sans avoir vu le soleil, et c'est là l'une des choses les plus admirables qu'on puisse signaler dans notre siècle fertile en merveilles. L'ingénieux Ulysse refuserait de le croire si on le lui racontait. Une chose mouvante, sur un océan mobile, possède à chaque instant, *à son intérieur*, des données suffisant à déterminer sa position!

Il est vrai qu'Ulysse ne connaissait pas la boussole! Il ne pouvait se douter qu'une propriété naturelle de certaines substances métalliques donnerait naissance à un appareil indiquant, sur un bouchon ballotté par l'Océan, la direction du pôle. C'est le symbole des plus profondes découvertes scientifiques : trouver quelque chose de constant, d'invariable au milieu de ce qui change sans cesse, homme et choses ! Car aujourd'hui nous savons que tout évolue, les êtres et les objets, et les rapports d'un être avec les objets ambiants peuvent être comparés légitimement aux relations d'un bateau mobile avec un océan déchaîné.

Il y a donc, à bord des bateaux faisant le long cours, une boussole, un compas, qui indique sans cesse la direction du pôle[1].

Que le navire tourne sur lui-même, cela ne change rien à l'indication de la boussole. Cette direction constante, indépendante des contingences, nous donne un premier modèle des particularités qui ont, chez les êtres vivants, un caractère absolu. On pourrait croire, en effet, au premier abord que l'aiguille mystérieuse transporte avec elle une faculté surnaturelle qui lui permet de savoir toujours où est le pôle. Il n'en est rien ; la boussole est simplement un indicateur de la nature du champ magnétique qu'elle traverse ; son apparente attraction vers le pôle prouve seulement la régularité de la distribution du champ magnétique, autour de la Terre. Ce champ magnétique n'est pas modifié par les vagues ; on sait s'arranger de

(1) Sauf la déclinaison que l'on sait corriger par des tables.

manière qu'il ne le soit pas davantage par le bateau ; de sorte que la boussole est soumise à l'action du milieu et indépendante de celle du bateau, au lieu d'appartenir au bateau et d'être indépendante du milieu comme on l'aurait cru d'abord. Dans tous les caractères *absolus* que nous rencontrerons chez les êtres vivants, nous aurons à faire une remarque analogue ; malgré leur aspect de particularités indépendantes des contingences, *aucun* d'entre eux ne se manifestera chez les animaux sans le concours du milieu ambiant.

§ 3 — LE POINT OBSERVÉ.

Grâce à la boussole, la navigation *à l'estime* prend un caractère de précision que ne pouvaient prévoir les argonautes. Le chronomètre permet aussi au bateau de transporter avec lui des documents précieux qui, encore plus que la boussole, paraissent indépendants du milieu, mais qui ne le sont pas en réalité, comme le prouvent les variations auxquelles sont soumis, de la part de la température, les mieux compensés de ces instruments. Lorsque le ciel est découvert, un bateau muni de chronomètres et d'instruments mesureurs d'angles, est capable de déterminer à un moment donné sa position exacte par des observations précises, s'il possède ce précieux ouvrage, *la Connaissance des Temps*, dans lequel des calculateurs consciencieux ont accumulé les prévisions de la science astronomique. En mesurant, à un instant donné, la hauteur d'un astre donné au-dessus de l'horizon du lieu où il se trouve, le bateau acquiert une indication précise relativement à ce lieu. Tous les points du globe dans lesquels le plan horizontal fait, au moment considéré, un angle donné avec la direction d'un astre donné sont en effet répartis sur un cercle que l'on peut construire, mais qui est difficile à construire. En pratiquant la même opération pour deux astres connus, on a donc deux cercles dont l'intersection détermine le point où l'on se trouve. Cela serait scientifiquement possible, mais difficile.

Et voici précisément à quoi tend ce long préambule : possédant le point estimé, on a de bien plus grandes facilités pour calculer le point exact mesuré astronomiquement par des hauteurs d'astres au-dessus de l'horizon. La méthode Lalande-Pagel et la méthode Marcq de Saint-Hilaire peuvent, à cet effet, être employées plus ou moins avantageusement suivant les cas. Sans entrer dans des détails fastidieux au sujet de ces méthodes que ne connaissent pas ceux qui se désintéressent des problèmes de la navigation, on peut donner une idée grossière de leur esprit, en substituant une question géographique à la question astronomique. Si, au lieu d'observer des astres, le navigateur se trouve brusquement en face de promontoires faciles à décrire, il cherchera dans les *Instructions nautiques*, résumé de l'expérience des navigateurs passés, le dessin des silhouettes des promontoires du monde entier vus de la mer. Il lui faudra pour cela des instructions très complètes ; de plus il sera en danger de se tromper, car, avec une légère variation dans la position d'où on les observe, deux silhouettes de points différents peuvent se ressembler beaucoup. Un bateau qui aurait fait route dans la brume pendant plusieurs jours, sans tenir de journal de bord, serait donc très embarrassé lorsque apparaîtrait une terre. Il n'en sera plus de même s'il a tenu compte à chaque instant de tous les éléments qui permettent de faire le point estimé ; il saura à peu près où il est, et n'aura à hésiter qu'entre un petit nombre de points voisins. Ces points voisins seront connus de lui s'il a conduit sa route, grâce au point estimé, pour arriver vers des parages familiers. Et alors, en prenant deux alignements connus, tel moulin par tel clocher d'une part, tel rocher par tel amer d'autre part, il saura, avec une précision *mathématique*, en quel endroit il se trouve.

Ainsi, le point estimé, résultant de la *routine* journalière, de la connaissance approchée du chemin tortueux effectué, *sera pour le bateau une aide puissante* dans la détermination, par de précises mesures d'angles, de l'endroit exact où il arrive. Bien entendu, comme il y a des causes d'erreur possibles dans le point estimé, comme ces erreurs peuvent même être considérables si un orage a affolé les boussoles, ou si l'on a rencontré un courant inconnu, on n'emploiera le point estimé que sous bénéfice d'inventaire. Le point astronomique ou le point géographique donnant une certitude mathématique, on n'hésitera pas à renoncer, s'il s'en éloigne trop, au bénéfice du point estimé. Avec des *points de repère* connus et de bonnes mesures d'angles, on sait exactement où l'on est. Le travail une fois effectué avec soin, on renoncera sans regret au point estimé résultant d'une routine journalière dans laquelle des causes d'erreur inconnues ont pu se glisser.

§ 4. — TRADITION ET SCIENCE.

L'emploi que j'ai fait intentionnellement du mot *routine* pour représenter les indications du journal de bord, montre immédiatement quelle application je veux tirer de cette parabole nautique dans la narration de l'histoire de l'humanité. Depuis le plus lointain de mes ancêtres jusqu'à moi, une lignée ininterrompue s'est déroulée, comparable à la marche tortueuse d'un bateau. Chacun des éléments successifs de cette lignée a acquis, pour son propre compte, une expérience personnelle du milieu ambiant ou plutôt de ses relations avec ce milieu. Chacun de mes ancêtres a tenu dans sa mémoire son journal de bord, et en a transmis les indications sommaires à ses successeurs, tant par hérédité que par éducation, comme l'homme de quart laisse à celui qui le remplace des indications orales et des indications écrites sur la route qui a été suivie pendant son temps de corvée. Chacun de nous a donc en lui, tant par hérédité que par éducation, les éléments de la construction du *point estimé* de l'humanité. Ici il ne s'agit plus seulement de détermination géographique et de route à suivre; la question est plus complexe; il faut savoir ce qu'est l'homme par rapport à la nature, ce qu'est la vie de l'homme dans l'ensemble des phénomènes naturels auxquels ses ancêtres et lui-même ont eu affaire.

Être de tradition, l'homme cherche dans la tradition la solution du problème; il interroge ses souvenirs tant personnels qu'ancestraux; il se fait ainsi une *philosophie* comparable au point estimé des navigateurs dont elle a les avantages et les dangers. Cette philosophie que l'homme trouve en lui-même est, comme le point estimé, une somme, une intégrale d'observations excellentes et d'erreurs souvent répétées. Elle trouve son expression la plus parfaite dans le langage articulé qui est, pour continuer notre image, le journal de bord de l'humanité.

De même que le point estimé des navigateurs est utile à la construction du point mathématiquement déterminé, de même l'ensemble des documents accumulés dans notre mémoire ancestrale et dans notre langage courant est utile à l'étude *scientifique* des phénomènes actuels. Il lui est utile parce qu'il nous place, le plus souvent, aux environs de la solution cherchée ; du moins, cela a-t-il lieu quand la partie employée du bagage traditionnel de notre espèce se compose d'expériences bien faites et d'observations exactes ; dans d'autres cas, au contraire, les erreurs enregistrées dans notre « point estimé » nous empêcheraient de résoudre les problèmes posés, tant la solution qu'elles en donnent est loin de toute vérité. Alors, il faut faire comme les marins, renoncer aux indications du journal de bord, et s'en tenir aux observations directes faites par des procédés scientifiques. Mais les hommes sont des êtres de tradition, et quand la tradition est contredite par la science, ils déclarent ordinairement que la Science a tort.

Le point astronomiquement observé par les navigateurs fournit une bonne définition de la Science. Voici deux bateaux qui ont fait des routes différentes, ont essuyé des tempêtes différentes, rencontré des courants différents, traversé des perturbations différentes ; de plus, en vertu de leur construction, de l'habileté de leur équipage, de la perfection de leurs machines, ils ont subi des dérives différentes, inscrit des erreurs différentes sur leurs journaux de bord. En d'autres termes, ces deux bateaux, arrivant au même endroit de la surface du globe, ont des *personnalités* différentes, des traditions différentes. Leurs points estimés ne se confondent pas. Et cependant, si à bord des deux bateaux, deux officiers sachant leur métier font le point astronomique, les indications qu'ils trouvent sont les mêmes (sauf les petites erreurs inhérentes aux observations les mieux faites). En tout cas, même s'ils se sont servi l'un et l'autre de leurs points estimés, leurs calculs astronomiques leur donneront des résultats *indépendants* de ces points estimés ; le point estimé, employé comme auxiliaire, disparait dans la construction du point observé. Ce point observé est *impersonnel*, il est *scientifique*.

§ 5. — MESURES ET POINTS DE REPÈRE ; BESOIN DE SCIENCE ; SES DANGERS.

La caractéristique de la Science est dans cette impersonnalité des documents qu'elle recueille. La Science a pour point de départ des *mesures*. Ces mesures, les hommes ne peuvent les faire que grâce à une expérience précédemment acquise ; mais, malgré la personnalité de cette expérience et de la tradition d'où elle résulte, les mesures sont impersonnelles. Apprenez la trigonométrie à un Chinois, à un Yolof et à un Breton ; ces trois êtres, nourris de traditions si différentes, mesureront de la même manière la hauteur d'une tour, et trouveront le même nombre à quelques millièmes près. Et il n'y a aucune raison pour que les résultats obtenus par le Chinois et le Breton soient plus différents que ceux qui seraient obtenus par deux Bretons, malgré les différences de races.

Le résultat des mesures est impersonnel et immédiat ; il est indiscutable si les instruments de mesure sont construits de telle manière qu'ils donnent à très peu de chose près les mêmes résultats entre les mains des divers expérimentateurs. Les mesures étant bien faites, leur indication doit être acceptée, même quand elle est en contradiction avec les enseignements de la tradition. Le point estimé doit disparaître devant le point observé.

Pour faire des mesures, il faut des points de repère. La première condition de la Science est donc la découverte de choses immuables, de choses fixes. Or, tout évolue, tout se transforme, l'homme, les animaux, les objets qui les entourent. C'est peut-être le besoin de trouver en lui-même l'élément fixe qu'il ne voyait nulle part, qui a amené l'homme à se doter d'une âme immortelle et invariable. La Science a cherché des choses fixes en dehors de l'homme. Elle a commencé dans une première approximation, par en trouver de suffisamment fixes pour ses besoins immédiats. Les corps solides, les pierres, les métaux usuels, les métaux précieux surtout, ont, dans les conditions où s'agite l'humanité, une évolution très lente par rapport à la nôtre; ils peuvent donc servir de *repères* pour l'histoire des hommes, et, en réalité, au point de vue de ses applications immédiates à la vie courante, la Science basée sur ces repères provisoires est parfaitement suffisante.

Mais si le besoin de la Science est né chez l'homme de la nécessité pratique où il se trouvait de connaître le monde ambiant, d'en utiliser les avantages et d'en éviter les inconvénients, ce besoin, éprouvé pendant de nombreuses générations, a fini par prendre dans la nature de l'homme une place définitive; il s'est transformé en exigence impérieuse. Comme tous les caractères *acquis* dans des circonstances données et fixés ensuite dans notre hérédité indépendamment des contingences, le besoin de savoir existe aujourd'hui chez nous en dehors de toute utilité; c'est le besoin de savoir pour savoir, ou, si l'on veut, le goût de la Science en dehors de toute application possible; c'est là, il me semble, la meilleure définition de la philosophie. L'homme est devenu un animal philosophe; sa curiosité l'a conduit à de grandes découvertes qui ont étendu prodigieusement son domaine; elle l'a amené aussi à des recherches parfaitement inutiles, en apparence. Qui peut se préoccuper de savoir si l'anneau de Saturne finira par se confondre avec la planète? Quelle importance cela aura-t-il pour nous? Et cependant les plus grands astronomes ont discuté cette question avec gravité. On ne sait d'ailleurs jamais ce qui résultera d'une découverte dans un domaine quelconque, et c'est pour cela que nul n'a le droit de parler de recherches inutiles.

Parmi les recherches, inutiles en apparence, auxquelles l'homme a été conduit par sa curiosité scientifique, il en est qui sont peut-être dangereuses. Je veux parler de celles qui concernent sa propre nature, de l'examen raisonné de son « journal de bord », pour employer notre métaphore de tout à l'heure. Ces recherches ne sont devenues possibles qu'après la découverte de repères fixes et impersonnels en dehors de l'observateur lui-même. Tant que l'homme n'a pas analysé, d'une manière indépendante de sa propre personnalité, les phénomènes extérieurs à lui, il n'a pas eu la possibilité de discuter la valeur de ses opinions relativement à sa propre nature. De même, le navigateur ne peut apprécier l'exactitude de ses points estimés successifs, qu'après avoir fait un point certain au moyen de visées astronomiques ou géographiques. Continuons cette comparaison : Rien n'est plus utile pour un bateau que de savoir exactement où il est ; mais supposons que tous les points observés qu'il porte sur sa carte s'éloignent notablement de ses points estimés ; il perdra toute confiance dans ses appréciations de chaque instant, dans cette navigation à l'estime qui est, somme toute, la navigation courante, entre les moments assez éloignés où l'on fait le point astronomique. Il se demandera si sa boussole n'a pas été faussée par un orage, si sa coque n'a pas acquis une dissymétrie inquiétante à cause de végétations marines qui s'y sont fixées, si son loch et son sablier ont encore une valeur. Et il n'osera plus avancer qu'à tâtons, alors qu'il marchait victorieusement à l'aventure, quand il avait confiance dans son estime de chaque instant. Un bateau parti de Paimpol il y a quelques années pour la pêche à la morue, et ayant eu de la brume avec mauvais temps, s'est trouvé au bout de trois mois aux environs du Danemark sans avoir pu trouver l'Islande. Évidemment il a perdu confiance dans son point estimé! N'est-il pas à craindre que la même chose arrive à l'homme si, ayant acquis les moyens de soumettre son « journal de bord » à un contrôle scientifique impersonnel, il s'aperçoit du peu de valeur des indications qu'il tirait de cette *conscience* dont il était si fier? C'est là le danger et en même temps l'aboutissant logique des recherches scientifiques poussées à l'extrême; après avoir mesuré le monde, l'homme est arrivé à se mesurer lui-même, à peser toutes ses actions. En tirera-t-il véritablement profit? Ne regrettera-t-il pas un jour l'ignorance partielle qui lui donnait confiance dans ses destinées? Les progrès de la Science auront beau s'affirmer de jour en jour, il est difficile de prévoir le moment où la vie de l'homme sera entièrement scientifique, même chez les individus les plus remarquables. Et qu'arrivera-t-il chez les hommes moyens qui ont confiance dans les indications des savants sans pouvoir eux-mêmes faire de la Science ? Supposons qu'un cuirassé, muni de puissants moyens d'investigation astronomique et géographique, rencontre en haute mer une de ces hardies flottilles de pêcheurs dans lesquelles la navigation à l'estime se fait par les moyens les plus rudimentaires ; supposons que ce cuirassé ait constaté des divergences profondes entre sa marche estimée et sa marche vraie, et dise aux pêcheurs : « Il y a des perturbations dans le monde ; la navigation à l'estime ne vaut plus rien ! » Le vaisseau continuera sa route à grands renforts de visées et de calculs ; mais que deviendront les barques ayant perdu toute confiance dans leurs moyens ordinaires de navigation ? Voilà un danger de la Science. Ce danger disparaîtrait le jour où toutes les individualités auraient en elles les moyens scientifiques d'investigation. Mais comment se passera la période de transition ? Comment vivra l'humanité médiocre qui, faute de mieux, doit se servir quotidiennement des indications de son journal de bord ?

§ 6. — LES ÉTAPES DE LA SCIENCE.

Quelle différence y a-t-il d'ailleurs entre la navigation à l'estime et la navigation au point astronomique, entre la Science impersonnelle et l'appréciation des faits par la conscience individuelle? La navigation à l'estime se fait, elle aussi, par des moyens aussi précis que possible, par des *mesures*. Si donc la définition de la Science est dans l'emploi de mesures, la ligne tortueuse construite d'après les indications du journal de bord, mérite le nom d'œuvre scientifique. Et de fait, les caboteurs qui ne perdent jamais la côte de vue, qui reconnaissent successivement tous les caps, tous les îlots, tous les phares, savent toujours exactement où ils sont, parce que les éléments de leur journal de bord sont tous absolument précis. Leur estime est faite uniquement d'éléments scientifiques; mais vienne la brume ou la nécessité de perdre les côtes de vue, les visées géométriques seront remplacées par des à peu près, par des mesures de vitesse donnant le déplacement du bateau par rapport à la surface de l'eau et non par rapport au fond qui a seul une valeur géographique, etc. Il n'y a plus de points de repère vraiment fixes, donc plus de Science vraie.

La conscience de l'humanité actuelle contient une accumulation de résumés ancestraux commencée depuis les temps les plus anciens. On ne pourrait la comparer qu'au journal de bord d'un bateau qui, ayant commencé une navigation séculaire avec les procédés d'Ulysse ou des Argonautes, aurait vu se perfectionner petit à petit ses moyens d'investigation, par l'invention de la boussole et la connaissance des lois astronomiques. Encore la comparaison ne serait-elle pas parfaite ; chaque fois qu'un bateau a atterri, tout le journal de bord des temps passés ne compte plus ; on repart avec un point précis comme origine. L'homme, naviguant sur l'océan des évolutions n'atterrit jamais : il est toujours une chose mouvante parmi des choses mouvantes ; on ne pourrait le comparer qu'à un bateau sillonnant un océan uniforme qui recouvrirait la terre partout. Si, dans un tel bateau, un marin faisait, à un moment donné, une mesure astronomique précise, et déterminait un point vraiment scientifique, ses voisins, confiants dans le point estimé rempli d'erreurs accumulées, le croiraient-ils ? Accepteraient-ils de faire la correction ? Non, vraisemblablement. Et d'ailleurs si l'océan était uniforme, quel intérêt présenterait la certitude scientifique du point ? J'ai bien peur que ma comparaison ne soit trop bonne, et que les discussions actuelles entre les hommes de tradition et les savants n'aient pas plus de valeur.

§ 7. — DANGERS ET AVANTAGES DE LA SCIENCE

Si l'on arrivait jamais à une *certitude* scientifique, toute discussion devrait cesser ; il y aurait là quelque chose d'acquis, indépendant de toutes les erreurs passées. Notre génération a été élevée dans la croyance à cette certitude. De grands esprits la battent actuellement en brèche. L'homme mobile parmi les choses mouvantes, ne pourrait jamais atteindre, même pour les choses les plus susceptibles de mesures, une certitude absolue. Les grandes lois *d'invariance* qu'il a cru découvrir et qui sont le joyau de son patrimoine scientifique, la conservation de la matière, la conservation de l'énergie, ne seraient que des à peu près. Les œuvres scientifiques d'un Newton, d'un Maxwell, d'un Poincaré, ne seraient, elles aussi, que des « journaux de bord », des approximations meilleures que celles des mortels ordinaires, mais susceptibles d'être corrigées plus tard, par les découvertes plus précises d'un savant, dont l'œuvre admirable ne serait à son tour qu'un « journal de bord » pouvant être retouché !

Si tout évolue, si tout se transforme, nous n'avons, en effet, le droit de considérer comme fixe aucun point de repère; nos œuvres les plus scientifiques ne sont que de la navigation à l'estime. Les lois mêmes que nous avons cru découvrir dans les relations entre les éléments du monde, évolueraient, elles aussi, et ne seraient qu'actuelles, que provisoires ! Rien ne nous permet de le nier. Nous ne pouvons établir de lois que pour les choses dont l'étude nous est accessible; mais, lorsqu'une loi nous paraît très générale, nous avons une tendance à la croire universelle; nous l'appliquons en dehors des limites entre lesquelles nous l'avons vérifiée, et nous sortons ainsi du domaine de la science pour entrer dans celui de la fantaisie. Le doute qui commence à remplacer l'ancienne confiance, tire son origine de l'exagération fatale de notre curiosité.

. Parmi les plus dangereuses de nos curiosités est celle qui nous pousse à nous connaître nous-mêmes, à connaître, du moins, nos relations avec les phénomènes ambiants.

Que restera-t-il à l'homme dépourvu de tous ses principes fondamentaux; à l'homme qui n'aura plus comme guide que la conservation de la matière et celle de l'énergie? C'est là le point angoissant dans notre curiosité actuelle ; c'est cet inconnu inquiétant qui crée aujourd'hui le différend entre les partisans de la Science, de la Table rase, et les amis de la tradition. Les derniers refusent aux premiers le droit d'investigation dans le domaine de la conscience individuelle ; ils ne veulent pas que leur « journal de bord » soit discuté au nom des découvertes de la science. Ils disent que les données de leur conscience étant immédiates et ayant été utilisées dans la découverte des lois scientifiques prétendues impersonnelles, ces lois scientifiques découvertes par le moyen de la conscience seraient frappées de nullité en même temps que la conscience condamnée au nom de ces lois. L'homme a cru à la liberté, au bien, au mal, etc. Il s'est servi de tout cela pour édifier la Science. Si la Science nous prouve que la liberté est une illusion, ne sape-t-elle pas ainsi elle-même ses propres fondements? La comparaison de la vie humaine avec la route d'un vaisseau a donné d'avance une réponse à cet argument. Le point estimé, avec ses erreurs, sert à construire le point observé qui devient une chose *certaine*, indépendante du point estimé. De même, nos opinions avec leurs erreurs, nous ont servi à construire une science impersonnelle, indépendante de nos opinions, et qui peut même ensuite leur servir de critère. La psychologie a précédé la science des mesures, comme la navigation des Argonautes a précédé celle des paquebots transatlantiques. Il serait illégitime de nier le rôle des croyances psychologiques dans l'évolution de l'humanité. Le langage courant, résumé de ces croyances, a été l'outil provisoire qui a servi à édifier la Science; mais la Science, une fois impersonnelle, a rejeté comme inutile et dangereux l'outil provisoire qui avait servi à l'édifier, et s'est procuré un langage nouveau, impersonnel comme elle-même, le langage mathématique.

Pour suivre l'ordre réel des choses, il faut d'abord passer en revue la psychologie, le journal de bord de l'humanité préscientifique, et montrer comment ce qu'il y avait de bon dans ses *points estimés* a pu servir à édifier une science basée sur des repères solides. Mais il ne faudra considérer cette psychologie que comme une étape dans la voie de la construction de la science, et rien ne nous empêchera de soumettre ensuite la psychologie elle-même à la critique de la science issue d'elle. Et si la psychologie succombe, la Science n'en sera pas infirmée.

CHAPITRE II

L'Étape psychologique.

§ 8. — LE LANGAGE ARTICULÉ

La comparaison, précédemment faite, de la vie humaine et de la route d'un navire, nous a amenés à établir un parallèle entre la période préscientifique de notre évolution et le journal de bord d'un bateau naviguant à l'estime. Sur un tel journal de bord sont notés les événements intérieurs du navire, les relations mesurables ou appréciables entre le navire et la surface mouvante de l'eau qui l'environne, et enfin, toutes les fois que cela a été possible, des relèvements précis de phares, d'iles ou de promontoires. Dans ce dernier cas, les renseignements notés sur le journal de bord sont d'une valeur très supérieure à celle des documents enregistrés en haute mer; on ne peut cependant pas dire encore qu'ils soient entièrement scientifiques, puisqu'ils n'intéressent que le bateau lui-même, puisqu'ils sont relatifs seulement aux rapports de position du bateau et des terres qu'il côtoie. Que les navigateurs fassent un effort de plus, qu'ils prennent des mesures assez nombreuses pour établir des relations définitives entre les points de repère extérieurs, indépendamment de la position du vaisseau qu'ils habitent, ils auront éliminé l'élément personnel et fait œuvre scientifique en dressant la carte côtière de la région.

L'expérience humaine a contenu, depuis les temps les plus reculés, des documents rentrant dans des catégories analogues à toutes celles que nous venons de passer en revue ; le « journal de bord » de son évolution a enregistré des observations intérieures, des relations accidentelles avec des objets extérieurs mobiles, des repérages par rapport à des points fixes et même des constatations impersonnelles de rapports établis entre des repères extérieurs. Du moment que l'homme a été en possession du langage articulé, il a traduit tous ces documents dans son langage et a pu faire profiter ses congénères et ses enfants de son expérience individuelle. De ce moment la Science était née. Si la précision des mesures est venue plus tard, une accumulation de documents impersonnels plus ou moins exacts doit néanmoins être considérée comme l'ébauche de la Science. Ces documents impersonnels ont probablement été d'abord purement topographiques ; quand l'homme des cavernes disait à ses enfants : « A deux cents pas de notre grotte, en descendant le ravin, on trouve une autre grotte dont l'ouverture laisse passer un homme », on ne peut nier qu'il ait fait œuvre scientifique. Il est donc bien difficile de séparer rigoureusement, dans l'histoire évolutive de l'homme doué de parole, une période préscientifique et une période scientifique. C'est l'homme préscientifique qui a édifié la Science, et il y a réussi parce que, dans ses antécédents, il avait des habitudes scientifiques rudimentaires.

Antérieurement même au langage articulé, nous devons penser que l'homme acquérait déjà une expérience personnelle des causes extérieures de destruction, et qu'il pouvait la communiquer à ses enfants, comme cela a lieu chez les animaux sauvages dépourvus de parole. Avant de parler, l'homme était intelligent comme tous les animaux, c'est-à-dire qu'il enregistrait dans sa mémoire les documents recueillis par son expérience, et que ces documents enregistrés entraient en ligne de compte dans ses déterminations ultérieures. Ses petits, l'imitant, profitaient de l'expérience paternelle, et ainsi se fixaient, petit à petit, dans le patrimoine héréditaire de chaque espèce, des instincts précieux résultant d'actes intellectuels longtemps répétés. Ces instincts étaient tous relatifs aux relations de l'homme avec le milieu ; ils n'avaient donc pas encore le caractère d'impersonnalité qui caractérise la Science.

Y a-t-il eu des documentations vraiment scientifiques et impersonnelles antérieures au langage articulé ? Nous n'avons aucune raison de l'affirmer, mais nous ne devons pas le nier ; les castors, qui ne parlent pas, construisent des digues qui exigent la connaissance d'une relation impersonnelle entre des objets extérieurs aux constructeurs. Quoi qu'il en soit, il est bien certain que le langage articulé a été un outil merveilleux de développement scientifique ; il est bien certain aussi que ce langage articulé a pris naissance à un moment où la Science humaine était, sinon nulle, du moins très rudimentaire. A partir de ce moment, le langage a dominé toute l'histoire de l'homme, car presque toutes les relations d'homme à homme ont eu lieu par son intermédiaire.

Qu'était ce langage au début ? Nous l'ignorerons toujours ; il s'est transmis jusqu'à nous en se transformant de diverses manières, suivant les lignées, mais il est vraisemblable que, s'il a beaucoup changé dans sa forme, il ne s'est guère modifié dans le fond. En d'autres termes, si, par une bonne fortune plus qu'improbable, nous connaissions aujourd'hui les discours que tenaient les hommes de Spy ou de Cro-Magnon, nous les *comprendrions*, nous pourrions les *traduire* au moyen d'un dictionnaire dans notre langage actuel. Le contraire ne serait pas vrai ; il est certain que nous ne saurions pas traduire en langage de Cro-Magnon une page de *La Science et l'Hypothèse*, car les hommes ont ajouté depuis cette époque à leurs conceptions et à leurs vocabulaires. Ils y ont ajouté, mais je ne crois pas qu'ils en aient rien retranché. Ce langage initial, qui représentait les conceptions initiales des hommes doués de parole, pèsera indéfiniment, j'en ai bien peur, sur notre philosophie.

§ 9. — COMPARAISON DES LANGAGES ANIMAUX.

J'irai même plus loin ; il me semble que si les abeilles, les fourmis ou les castors se trouvaient doués de la parole articulée ou de quelque chose d'équivalent, leur langage ne serait pas essentiellement différent du nôtre ; il aurait du moins en commun avec le nôtre tout ce qui est commun aux animaux dans leurs relations avec le milieu ambiant. Toute cette partie commune pourrait être traduite du langage des castors en langage humain. Il y aurait seulement des différences relatives aux particularités qui existent seulement dans une espèce ; les mains de l'homme, les glandes à cire des abeilles, la queue des castors, ne trouveraient pas leur équivalent dans les langages des espèces différentes, non plus que les opérations dans lesquelles ces outils entrent en jeu. Mais il serait facile de faire le départ de toutes les vieilles notions humaines, qui ne sont que des notions animales applicables à toutes les espèces.

Évidemment, par exemple, dans les relations des individus avec le milieu ou avec les autres individus, chaque animal dira, en parlant de lui-même, quelque chose qui équivaut à notre « Je », et divisera ainsi le monde entier en deux parties distinctes : celle qu'il occupe, et le reste. Le *moi* et le *non-moi* sont des notions animales inhérentes à la vie libre de l'individu.

La notion de liberté sera aussi une notion forcément commune à tous les animaux non fixés. Du moment qu'un animal raconte l'histoire de son individu considéré comme séparé du monde ambiant, comme formant un monde à part, il ne peut pas ne pas la déclarer libre, c'est-à-dire qu'il doit affirmer « qu'il agit à chaque instant pour des raisons qui sont en lui ».

C'est surtout par la comparaison de son activité avec celle des minéraux que l'animal donnera de l'importance à cette notion de liberté ; elle lui paraîtra caractéristique de la vie animale. Là où un caillou reste inerte, une souris trotte et se distingue ainsi du caillou. Si l'on allait un peu plus loin dans la précision du langage, cette différence entre la souris et le caillou paraîtrait peut-être moins profonde. La souris agit, pour des raisons qui sont en elle, *suivant sa nature* de souris. Le caillou agit aussi suivant sa nature de caillou ; pourquoi affirmer que les raisons de sa caillouteuse activité ne sont pas en lui, comme pour la souris ? J'ai tort de vouloir déjà discuter la valeur du langage, alors que je me suis proposé simplement d'en exposer pour le moment les particularités communes aux animaux libres. Et d'ailleurs, si l'on démontrait à un animal que la définition précise de la liberté s'applique aussi bien au caillou qu'à lui-même, il aimerait mieux déclarer le caillou libre que de se priver lui-même d'une faculté qu'il considère comme un apanage précieux. Le mot liberté perdrait ainsi toute signification, puisqu'il n'établirait plus la différence qu'il a d'abord été destiné à établir entre les animaux et les corps bruts.

La notion du *moi* et la notion de *liberté* sont inséparables de la nature animale. La liberté, telle qu'elle est définie plus haut, est même indispensable à l'accomplissement d'un acte intellectuel; l'acte intellectuel, qui consiste à « tirer parti de son expérience », suppose aussi la *mémoire*, sans laquelle aucune expérience ne serait enregistrée. Or, nous constatons des actes intellectuels chez tous les animaux. Nous devons donc déclarer ces animaux libres comme nous, intelligents comme nous, doués de mémoire comme nous; mais il est bien entendu que pour l'abeille, ce sera de la liberté d'abeille, de l'intelligence d'abeille, de la mémoire d'abeille; pour le castor, de la liberté de castor, de l'intelligence de castor, etc.

Quant à l'expérience, elle diffère évidemment

suivant les espèces animales, non seulement parce que les mécanismes des individus les mettent en relation avec des objets différents suivant leur taille et leur structure, mais encore, et surtout, parce que les outils au moyen desquels ils prennent connaissance du monde ambiant, les organes des sens, sont différents chez les différentes espèces. Là s'arrête donc la similitude possible du langage des fourmis avec celui des castors ou de l'homme. De l'expérience de fourmi ne saurait se raconter dans le langage créé par l'homme pour raconter de l'expérience d'homme. Les langages, comparables dans leurs plus grandes lignes, ne le sont plus dans le détail. C'est de la nature de l'expérience humaine que dépendra la *forme* de la science humaine ; mais si cette Science est de la vraie science, si elle établit entre les objets extérieurs des rapports impersonnels, des rapports dans lesquels l'espèce même de l'animal observateur ne joue plus aucun rôle, elle sera utilisable pour tous les êtres intelligents, quels qu'ils soient.

Malgré ces différences de détail, il reste une grande unité dans le plan de la connaissance animale. Toutes les grandes lignes se retrouvent chez tous les animaux intelligents, et ils le sont tous plus ou moins.

Le langage articulé, auquel nous, hommes, sommes habitués depuis si longtemps, nous paraît si commode pour exécuter des opérations intellectuelles, que nous concevons difficilement l'exécution de telles opérations chez des animaux qui ne sont pas doués de la parole. Mais d'abord, nous ne savons pas s'il n'existe pas chez les autres espèces animales quelque chose d'équivalent à notre langage articulé. Peut-être même, chez les fourmis, par exemple, existe-t-il un langage qui permet les communications de documents d'individu à individu. Chez d'autres animaux moins favorisés, il existe vraisemblablement un langage intérieur qui donne à la mémoire une forme plus maniable et permet, comme cela a lieu chez nous, l'abstraction, la généralisation et les associations d'idées ; le tout à un degré plus ou moins développé et adéquat à la nature de l'espèce animale observée.

§ 10. — ROLE DU LANGAGE DANS LA CRÉATION DE LA SCIENCE.

Quoiqu'il en soit de toutes ces hypothèses invérifiables sur les animaux des autres espèces, le rôle du langage dans le développement de l'espèce humaine est évident. Le langage permettant de se transmettre des documents d'individu à individu est indispensable à la création de la Science, magasin de documents impersonnels où tous les êtres doivent pouvoir puiser. Sans un langage articulé il ne pourrait y avoir que des actes intellectuels isolés, aboutissant, par imitation des générations successives, à la formation d'instincts spécifiques.

Mais, si le langage humain a été indispensable à la création de la Science, il ne saurait, par cela même qu'il est humain, devenir le langage de la Science, du moins de la Science universelle qui n'est ni personnelle ni spécifique. Il faudra que ce langage humain, utilisé pour la construction de la Science, disparaisse ensuite comme le point estimé des navigateurs, lorsqu'il a servi à construire le point observé. C'est pour cela qu'on peut dire que ce langage, journal de bord de l'évolution humaine, représente une *étape* dans l'histoire de l'évolution générale, l'étape psychologique. Il serait aussi déraisonnable de nier l'utilité de cette étape du progrès, qu'il est peu légitime, une fois la Science créée, de vouloir soustraire à la critique de cette Science la psychologie qui a servi à l'établir. C'est le langage courant ou langage psychologique qui, avec toutes les erreurs dont il est encombré, a permis d'édifier une Science dont certaines parties semblent déjà parfaites. Il faut donc pour établir les grandes lignes de la Science, commencer par attribuer provisoirement une valeur absolue à toutes les notions psychologiques dont l'homme s'est servi dans ses recherches. Plus tard seulement, une fois la Science établie et devenue impersonnelle en se dégageant de toutes les erreurs humaines, on pourra chercher quelle place occupent, au milieu des autres phénomènes de la nature, les manifestations de notre activité consciente. Et si l'on trouve que des erreurs considérables existaient dans la psychologie, cela ne devra pas nous enlever notre confiance dans une Science née de l'étape psychologique, mais entièrement libérée d'elle.

§ II. — L'ORDRE DES SCIENCES.

Il faudrait maintenant passer en revue les facultés humaines, telles qu'on les étudie dans les traités de philosophie, et sans nous demander si, plus tard, à la lumière de la Science, nous pourrons trouver un rapport entre ces facultés et des phénomènes mesurables. Naturellement il suffirait de s'occuper ici de la psychologie et de la logique qui ont servi toutes deux à l'édification de la Science. La morale et la métaphysique n'ont rien à voir dans la genèse de la Science, ce qui ne les empêchera pas d'être soumises ensuite à la critique de la Science, lorsque la Science existera. Je n'ai pas qualité pour faire un exposé de la psychologie et de la logique classiques. J'indique seulement qu'il faut, pour comprendre la construction de la Science, se familiariser d'abord avec les outils dont disposaient les hommes pour construire la Science. Il n'est donc pas inutile d'enseigner la psychologie et la logique[1] à ceux qui veulent se

(1) S'ils n'en savent pas déjà assez ; on en apprend généralement assez en apprenant à parler.

livrer ensuite à l'étude générale des sciences. Mais il faut les prévenir, dès le début, que ça a été là une étape du développement de l'humanité, et qu'il faut en considérer les données comme provisoires. Il faut accepter ces données dans la mesure où elles sont nécessaires à la compréhension de la genèse de la Science, mais avec l'arrière-pensée qu'on en discutera la valeur ensuite, quand on aura à sa disposition l'outil impersonnel de la Science proprement dite.

Ce n'est pas ce qui se fait en général, dans les traités de philosophie. Au contraire, on enseigne d'abord aux élèves qui ne savent pas encore ce qu'est la physiologie, que la psychologie en est différente par son objet et ses méthodes. Quand on leur parle de la liberté individuelle, on leur démontre qu'elle est réelle, on fait le procès du déterminisme, etc., etc. Il faut, à mon avis, modifier cet ordre de l'enseignement. Il faut commencer par exposer la psychologie et la logique sans en discuter la valeur. Puis on passera à l'étude des sciences, et la moisson abondante obtenue prouvera que, au moins comme données provisoires, comme point approché, les points de départ avaient une valeur non négligeable. Puis, les sciences exactes établies, on entreprendra l'étude de la vie, la Biologie; et cela conduira à discuter la psychologie, la logique, la morale et la métaphysique, à la lumière de la Science. La conscience, la liberté, l'imitation, l'intelligence, etc., seront des sujets d'étude très intéressants, mais seulement après que nous aurons parcouru le cycle des sciences impersonnelles. Voici donc, en résumé, l'ordre que je crois convenable :

1° Psychologie et logique, étudiées comme *moyen* d'établir la Science, sans aucune discussion de leur valeur absolue ; on en apprend, d'ailleurs, à peu près assez, je le répète, en apprenant à parler.

2° Sciences exactes.

Ces deux premières parties du cycle des études représenteront la marche ascendante de l'homme à la Science, du sauvage des cavernes à Lavoisier et à Pasteur.

3° Biologie, c'est-à-dire application des sciences à l'étude de la vie [1]. Discussion de la nature des facultés humaines, de sa liberté, de sa conscience, etc. ; étude de la formation des espèces animales et de toutes leurs particularités : psychologie, logique, morale, métaphysique.

---

(1) Dans un ouvrage publié il y a quelques années, je demandais au contraire que l'on fît précéder de la Biologie l'étude *raisonnée* des sciences exactes. Je suis toujours du même avis, et il n'y a ici qu'un semblant de contradiction. Les sciences exactes ont pu naître de l'étape psychologique, ainsi que nous le prouve l'histoire ; mais, une fois la Biologie établie par l'aide de ces sciences exactes, on est armé pour faire l'étude raisonnée des moyens qui ont servi à établir ces dernières, et de la logique en particulier, comme je le demande ici.

Cette troisième partie réalisera la localisation de l'homme dans la Science impersonnelle créée par l'homme ; après le voyage « de l'homme à la Science », ce sera le retour « de la Science à l'homme ».

Je consacrerai un volume de cette collection à l'étude de ce voyage de retour.

CHAPITRE III

Les Organes des sens et la Question d'échelle.

§ 12. — EXPÉRIENCE ET QUALITÉS.

Laissant de côté les questions de psychologie et de logique, que l'on trouve traitées dans tous les manuels, et dont je voudrais que l'on prît seulement la partie pratique, la partie utile à la construction de la science, sans aucune discussion, actuellement prématurée, sur la valeur des opinions humaines, j'aborde immédiatement les grandes lignes de la Science impersonnelle qu'a construite l'homme conscient, intelligent et logique.

La nature paraît tout d'abord infiniment complexe et variée, peuplée d'éléments disparates et qui semblent irréductibles les uns aux autres. Il y a, dans le monde qui nous entoure, des formes, des couleurs, des sons, des odeurs, des saveurs, etc. Ce sont là les *qualités* du monde connu de l'homme, et il est impossible à nos

congénères de ne pas se servir de ces qualités
comme éléments d'analyse dans l'étude directe des
choses. Dépourvus de toute possibilité d'étude
impersonnelle de l'ambiance, nos ancêtres ont
naturellement considéré ces qualités comme existant d'une manière absolue. Le langage courant
qu'ils nous ont légué en fait foi. Aujourd'hui encore, nous ne pouvons nous raconter les événements extérieurs qu'en parlant de formes, de couleurs, de sons, etc.

Je disais précédemment que, dans ses grandes
lignes, le langage des fourmis et des abeilles pourrait, s'il existe, être traduit en langage humain ;
mais j'ajoutais qu'il en différerait certainement,
au point de vue de l'expérience spécifique, car de
l'expérience de fourmi acquise au moyen d'organes de fourmi ne peut être semblable à de l'expérience d'homme acquise au moyen d'organes
d'hommes. S'il était donné à un homme de converser avec une fourmi, il pourrait s'entendre avec
elle sur les questions de liberté, d'immortalité de
l'âme et de spontanéité; mais il ne la comprendrait pas si elle parlait des objets extérieurs. Les
yeux à facettes des insectes leur donnent certainement, du monde ambiant, une vision différente
de celle que nous en donnent nos yeux à cristallin.
Encore serait-il possible peut-être de traduire la
vision fourmi en vision humaine, puisqu'il ne
s'agit là que d'une même opération, la vision, faite

avec des instruments différents. A moins toutefois que les yeux de la fourmi soient sensibles à des radiations que nous ne percevons pas ou réciproquement. Nous avons une tendance invincible à tout rapporter à nous-mêmes ; « nous prêtons sottement nos qualités aux autres », ce qui est naturel, puisque nous sommes convaincus de l'existence absolue, dans le monde ambiant, des qualités qu'y crée notre observation humaine ; nous croyons que le monde est peuplé de formes, de sons, de couleurs, de saveurs, etc., et nous pensons par conséquent que, si les fourmis connaissent le monde, elles y connaissent des formes, des sons, etc...

Sans pouvoir l'affirmer, puisque l'expérience est impossible, je crois que la conversation de la fourmi sur les objets extérieurs serait intraduisible pour l'homme, parce que la fourmi connaîtrait dans le monde des α, des β, des γ, qui ne sont ni des couleurs, ni des goûts, ni des odeurs, mais d'autres qualités différentes de celles que nous connaissons. Et la fourmi croirait, selon toute vraisemblance, que le monde est formé de ces qualités α, β, γ, etc. ; elle penserait que si les hommes connaissent le monde, ils en connaissent les qualités α, β, γ, etc. En d'autres termes, ce que l'homme connaît, ce que la fourmi connaît, c'est, non pas le monde extérieur lui-même, mais les relations de ce monde extérieur avec lui, homme, ou elle, fourmi. C'est là aujourd'hui une vérité absolument courante, mais il n'en a pas toujours été ainsi, et l'on peut se demander comment, ayant inscrit sur son journal de bord des erreurs aussi importantes, l'homme est arrivé, sans s'en être dégagé, à créer de la science impersonnelle, de la science qui serait science même pour les fourmis, de la mécanique générale en un mot. Et pourtant, ce résultat a pu être obtenu dès que l'homme a commencé à faire des mesures !

Si l'homme connaît dans le monde des qualités différentes et irréductibles les unes aux autres, il ne peut faire les mesures de ces différentes qualités par une méthode unique. L'appareil qui sert à mesurer les formes ne peut servir pour les couleurs ou les odeurs, puisque les formes, les couleurs et les odeurs sont des qualités irréductibles. De plus, l'homme n'est pas également doué pour mesurer ces diverses qualités ; il y en a même pour lesquelles il est tout à fait désarmé et qu'il peut seulement apprécier avec un coefficient personnel très variable.

§ 13. — LA LANGUE MATHÉMATIQUE.

L'appréciation diffère de la mesure en ce qu'elle n'est pas impersonnelle. Ce qui caractérise la mesure scientifique, c'est que, une fois la mesure faite, l'observateur disparaît. Il a cependant utilisé sa personnalité dans l'opération de la mesure, mais la mesure n'est scientifique que si la personnalité de l'opérateur ne laisse pas de trace dans le résultat de l'opération. La perfection des instruments de mesure réalise de plus en plus ce *desideratum*, sans toutefois y atteindre complètement. Avec cette définition rigoureuse, on peut dire qu'il n'existe pas encore de mesure vraiment scientifique. On considère qu'un instrument de mesure est bon quand les différences entre les résultats obtenus par les divers observateurs au moyen de cet instrument ne diffèrent que d'une quantité négligeable, quant au but qu'on se propose d'atteindre.

J'ai pu parler des résultats des mesures sans avoir eu à me préoccuper de la manière dont ces résultats sont enregistrés, de la langue dans laquelle ils sont exprimés pour être catalogués. La seule nécessité dont il faudra se préoccuper dans le choix de ce langage scientifique sera qu'il soit impersonnel, comme les mesures qu'il exprime. Un langage a été créé par l'homme qui réalise, au moins pour l'homme, tous les *desiderata* de la langue scientifique; c'est le langage mathématique. Il est accessible vraisemblablement à tout individu, de quelque espèce qu'il soit, doué de tact et de vision. Pour l'homme, en tout cas, il est excellent, mais il n'est pas absurde de penser qu'un autre langage, basé sur d'autres considérations, eût pu devenir également impersonnel, et rendre les mêmes services que les mathématiques. Nous sommes tellement habitués à considérer la langue mathématique comme la seule langue de la Science, qu'il nous est devenu très difficile de nous exprimer sans nous y rapporter. Je serai donc obligé de le faire dans la suite de ces considérations, mais je voudrais, encore une fois, employer un langage moins spécialisé pour exposer la question fondamentale que j'appelle, en langage mathématique, la *question d'échelle*, et qui doit pouvoir être traitée sans qu'il soit fait allusion à des grandeurs mesurables par les yeux.

§ 14. — ÉCHELLES ET CANTONS.

Nos organes des sens nous font connaître, avons-nous dit, des qualités différentes et irréductibles dans le monde que nous habitons. D'autres espèces animales découvrent vraisemblablement dans le même univers des qualités qui sont peut-être tout autres; nous ne devons pas considérer ces qualités comme des entités réelles, mais comme les résultats de relations établies entre le monde et les animaux qui les connaissent. Chacun de nous connaît plusieurs de ces qualités, et d'une manière si distincte qu'il n'éprouve aucune difficulté à imaginer un individu capable d'en connaître une seule, à l'exclusion de toutes les autres.

Supposons, après Condillac, un tel individu. Il ne connaîtrait dans le monde qu'une seule qualité; il ne verrait le monde que sous un seul aspect, dirais-je volontiers, si les mots *voir* et *aspect* ne se ressentaient déjà de notre préférence invincible pour les données de notre organe visuel. La science de cet individu ne se composerait que d'un seul groupe de données, toutes comparables entre elles; il ne s'intéresserait qu'aux variations entraînant un changement dans ces données. Le reste de l'histoire du monde serait lettre close pour lui.

Un autre individu doué de la connaissance d'une autre qualité également unique, mais différente de la première, ne s'intéresserait qu'aux variations relatives à cette qualité et connaîtrait un monde entièrement différent de celui du premier animal. Ce serait cependant le même monde, mais connu de différentes manières, à différents *points de vue*, dirais-je encore, si l'expression points de vue n'était, elle aussi, empruntée à notre sens de la vision.

Un troisième individu, doué des modes de connaissance des deux premiers, et enregistrant en même temps les données de ces deux modes de connaissance, s'apercevrait que les *phénomènes* de l'individu n° 1 et les *phénomènes* de l'individu n° 2 sont quelquefois indépendants, quelquefois connexes. La couleur d'un objet peut changer sans que sa forme change [1] ; sa température peut se modifier sans que son odeur en paraisse altérée.

Ainsi le monde connu du premier individu paraîtrait immuable à un moment où, pour le second individu, le même monde serait l'objet de transformations profondes. Si une telle séparation des qualités connues des hommes était entièrement possible, si ces qualités variaient indépendamment l'une de l'autre, au point que l'une fût entièrement fixe pendant que l'autre subirait un grand changement, c'est que ces qualités seraient vraiment différentes et existeraient dans le monde indépendamment de l'individu qui les observe. Alors, il y aurait, pour chaque qualité, une science à part, *indépendante* des sciences relatives aux autres qualités.

Supposons, tout au contraire, que toutes ces prétendues qualités indépendantes soient tellement liées les unes aux autres que toute variation de l'une d'elles entraîne fatalement une variation correspondante de toutes les autres, on concevrait que la connaissance *parfaite* des variations intéressant l'*une* des qualités, l'*un* des aspects du monde, suffit à la connaissance du monde tout entier. Dans un registre notant *toutes* les variations de

(1) Nous verrons un peu plus bas quel degré de rigueur il faut donner à cette affirmation.

l'une des qualités du monde, un homme suffisamment savant saurait lire les variations correspondantes de toutes les autres, et dirait par exemple : « Voici une variation qui était surtout remarquable par un phénomène de *saveur;* en voici une autre qui était surtout connue comme manifestation *sonore.* » Il n'y aurait, dans l'appréciation qualitative des divers phénomènes extérieurs que des différences de *degré.* Tous les phénomènes seraient un peu sonores, un peu sapides, un peu colorés, et il n'y aurait dans leur enregistrement sous la rubrique d'une qualité particulière, que la constatation de son importance spéciale pour l'homme au point de vue de la qualité considérée.

L'hypothèse de l'universalité de la documentation par l'un *quelconque* des sens de l'homme, même supposé infiniment aigu, ne soutient pas la discussion. Mais la Science actuelle croit, du moins, à la possibilité de l'unification de la documentation qualitative des êtres, grâce à ce que l'*une* des qualités découvertes par nos sens dans le monde ambiant est toujours modifiée, quand il se produit une variation quelconque de l'une quelconque des autres qualités. Cette qualité, c'est la *forme* des objets extérieurs. Toute variation de sonorité, de saveur, de température, de couleur, dans un objet quelconque, serait accompagnée fatalement d'une modification de la forme de cet objet ; et réciproquement, cette modification de la forme de cet objet amènerait fatalement la variation correspondante de sonorité, de saveur, etc. En d'autres termes, tous les phénomènes que l'homme connaît dans le monde seraient susceptibles d'être décrits complètement comme des variations de forme, comme des mouvements.

Une telle affirmation, qui est celle de la croyance à la mécanique universelle, fera sourire ceux qui n'ont pas réfléchi à ces questions. Il est de notoriété, par exemple, que l'on peut éclairer un objet avec de la lumière rouge ou de la lumière bleue sans changer sa forme. Et cela est vrai, si l'on s'en tient à la mesure au cathétomètre des dimensions rectilignes de l'objet considéré. La variation de forme, le mouvement qui distingue la lumière rouge de la lumière bleue est d'un ordre de grandeur infiniment plus petit que celui des différences mesurables au cathétomètre. C'est là la question d'échelle, qui trouve son expression parfaite du moment qu'il s'agit de dimensions, alors qu'elle était très difficile à exprimer quand on supposait, comme nous l'avons fait précédemment, que la qualité susceptible, par ses variations, de donner une connaissance complète du monde, était une qualité quelconque autre que la forme.

C'est pour les variations de forme, pour les mouvements, que la langue mathématique a été créée. Une autre langue scientifique eût peut-être présenté les mêmes avantages de généralité, si on l'avait adaptée à la mesure des variations d'une autre *qualité;* mais cette langue n'existant pas, nous ne pouvons pas nous en servir.

J'ai proposé autrefois d'appeler *cantons*[1] de l'activité extérieure les groupes de phénomènes que nous connaissons sous forme de variations d'une qualité particulière connue de nos sens; il y a alors le canton des sons, le canton des saveurs, des températures, des couleurs, des formes, etc. Les phénomènes de chaque canton peuvent être racontés, chacun pour son compte, dans le langage qualitatif correspondant; le langage du canton des formes peut néanmoins être substitué dans chaque cas à la narration qualitative faite dans la langue du canton considéré.

Les phénomènes extérieurs qui nous paraissent de qualités différentes sont donc alors, simplement, dans la langue du canton des formes, des variations *à des échelles différentes.* Il y a les mouvements de l'échelle visible ou mécanique, les mouvements de l'échelle sonore, de l'échelle thermique, de l'échelle colorée, etc. Si nous connaissons ces divers phénomènes avec l'apparence de qualités différentes, c'est que nous possédons, dans notre organisme, des appareils de relation adaptés à chacune de ces échelles; nous avons un

---

(1) *Les Lois naturelles, op. cit.*

organe des sens qui connaît directement les températures, parce qu'il est adapté à l'échelle thermique, un autre organe des sens qui connaît directement les couleurs, parce qu'il est adapté à l'échelle colorée, etc. L'homme a donc des portes ouvertes sur le monde à des échelles différentes dont aucune, plus que les autres, ne peut s'appeler l'échelle humaine. La vie de l'homme est un phénomène complexe qui se passe à plusieurs échelles à la fois.

Il en est de même de la vie de l'organisme le plus élémentaire, du protozoaire le plus simple, dans lequel on distingue toujours fatalement des phénomènes à trois échelles distinctes : l'échelle chimique, l'échelle colloïde, l'échelle mécanique [1]. A ces trois échelles correspondent sûrement des qualités différentes du monde ambiant, et nous faisions tout à l'heure une hypothèse contraire à la réalité en supposant qu'un individu vivant pouvait connaître *une seule* qualité de l'Univers.

Ce sont nos divers organes des sens qui nous font connaître les différentes qualités du monde qui nous entoure. La connaissance de ces qualités est à l'usage de l'homme, et toute notre expérience en est faite. Mais il ne s'ensuit pas que la considération de ces qualités dues aux relations de l'homme avec son ambiance soit avantageuse pour

(1) V. *Éléments de philosophie biologique*. Alcan, 1907.

l'étude impersonnelle du monde. Telle qualité, la saveur ou l'odeur, par exemple, ne se prêtant pas à des mesures faciles, ne donnera pas naissance à une science impersonnelle. Ce qui donne naissance à une science, c'est la découverte d'une méthode de mesure. Lavoisier, en se servant de la balance, a fondé la chimie. Il ne faut pas dire pour cela que la chimie se réduit à des mesures de masses. Nos organes des sens peuvent tous être utilisés par le chimiste; nous constatons, par exemple, l'identité de deux substances au moyen de nos yeux, de notre odorat, de notre goût; ce sont là des outils avantageux pour les recherches; mais seuls ceux qui se prêtent à une mesure impersonnelle peuvent être utilisés pour la fondation d'une science. On peut donc dire que, en trouvant une méthode de mesure impersonnelle, on fonde une science.

Chose curieuse, et qui augmente encore l'importance scientifique de notre organe de la vision des formes, tous les appareils de mesure vraiment pratiques, vraiment capables de donner des résultats impersonnels, sont ceux qui, en dernier ressort, conduisent à une lecture, au moyen des yeux, sur une échelle graduée. Le thermomètre ne se sert pas de notre sens thermique, mais de la dilatation qui accompagne les variations de température et que nous mesurons au moyen de nos yeux. La sirène, la roue de Savart, ne se servent pas de notre sens auditif, mais de manifestations motrices que nous mesurons avec nos yeux, etc.

La science, dont la langue actuelle ou mathématique est basée sur la vision des formes, peut être définie, comme je l'ai fait précédemment, l'empiètement du canton de la vision des formes sur tous les autres cantons. Elle raconte tous les phénomènes extérieurs, quels qu'ils soient, comme des mouvements, à des échelles différentes. (Voir les *Lois naturelles*, op. cit.)

CHAPITRE IV

La Conservation de l'Énergie.

§ 15. — MÉCANIQUE UNIVERSELLE.

La question d'Échelle domine toute la Science. Le fait que les mouvements de diverses dimensions sont connus de l'homme comme des *qualités* différentes, empêche de supposer un individu ressemblant à l'homme et qui connaîtrait à chaque instant, dans le même langage, tous les mouvements à toutes les échelles. L'utilisation du sens de la vision des formes est restreinte chez l'homme à la connaissance des mouvements de l'échelle dite mécanique, comme les mouvements des pierres, le cours de l'eau, le balancement des arbres par le vent. Pour les mouvements de dimensions plus petites, ce sens est impuissant, et c'est par une généralisation extra-humaine que nous appliquons la langue mathématique à des mouvements plus petits que ceux que nous pouvons percevoir en tant que mouvements. Étant donnée la nature des protoplasmas vivants, et leurs trois catégories de modes de connaissance mécanique, colloïde et chimique, nous ne pouvons pas concevoir d'être vivant qui soit capable d'employer pour son compte le langage de la mécanique universelle. La mécanique universelle réalise donc, à ce point de vue du moins, le *desideratum* de la langue scientifique impersonnelle. Non seulement elle est impersonnelle, elle n'est pas spécifique, c'est-à-dire que les échelles de la connaissance humaine n'y sont pas marquées à part, n'y sont pas traitées d'une manière plus prévilégiée que celles de tel ou tel autre animal. La mécanique universelle ignore si tel mouvement est connu de l'homme avec la qualité de saveur, de couleur ou de son; elle ne connaît pas davantage les qualités relatives à la vie des fourmis ou des amibes. Elle ne connaît même pas les diverses places auxquelles se trouve localisé, dans l'échelle générale, le phénomène vital. La mécanique universelle qui n'est pas une langue personnelle, qui n'est pas une langue humaine ou animale, n'est même pas une langue propre aux êtres vivants. Elle est *en dehors de la vie*, quoique créée par des êtres vivants. Elle permettra donc d'étudier la vie, comme un phénomène quelconque, ce qui n'eût pas été possible avec une langue spécifique ou seulement « biologique [1] ».

(1) C'est-à-dire, avec une langue appartenant en propre à une espèce animale, ou même à tous les êtres vivants sans exception.

Reste à savoir si cette généralisation qui a mis la Science en dehors de la Vie, est légitime ; reste à savoir si le point estimé, résultat des études humaines, a pu être abandonné sans danger dans la confection de cette Science universelle, qui ne touche plus directement à l'homme que par ses applications au domaine de l'échelle des mouvements mécaniques.

§ 16. — L'ÉNERGIE N'A PAS D'ÉCHELLE.

L'une des circonstances de cette *dépersonnification* de la Science est que les points de repère, les choses importantes de la Science, ne seront plus les points de repère, les choses importantes de la vie humaine. C'est ainsi que la Science du XIXᵉ siècle a découvert une quantité mesurable qui n'est pas directement connaissable à l'homme, *car elle n'a pas d'échelle*. C'est l'*énergie*.

Si la science est vraiment devenue impersonnelle, cette quantité constante, l'énergie, serait donc une entité au sens absolu des métaphysiciens ! Il y a dans cette affirmation quelque chose qui choque notre idée de la relativité des connaissances humaines. Il faudra donc étudier de près cette question avant de la classer. C'est la question fondamentale de la philosophie moderne.

Ce quelque chose qui n'a pas d'échelle dans notre mécanique universelle, et qui reste constant à travers toutes les transformations, connaissables à l'homme, du monde où nous vivons, serait évidemment encore une chose constante si, au lieu d'étudier l'univers avec notre sens de la vision des formes, nous en avions fait les mesures dans un autre langage sensoriel susceptible de généralisation. Ce qui est constant ne saurait ne pas paraître constant à quelque point de vue qu'on se place pour l'étudier. Ce n'est pas parce que nous avons réduit tous les changements du monde à des mouvements mesurables qu'il y a conservation de l'énergie; il y aurait conservation de l'énergie même si l'on avait étudié les changements de l'Univers dans tout autre système de mesure, pourvu que ce système fût impersonnel.

Une conséquence importante se dégage immédiatement du principe de la conservation de l'énergie, si ce principe est vraiment général, c'est que l'homme connaît ou peut connaître, directement ou indirectement, toutes les transformations, tous les changements du monde dans lesquels il est question d'énergie. Nous savons mesurer les variations d'énergie dans les corps chimiques, dans les colloïdes, dans les corps chauds ou électrisés, dans les systèmes mécaniques. Lors d'une transformation dans l'un de ces domaines, la quantité d'énergie qui y est dépensée se retrouve intégralement dans l'un des autres domaines *connus* de l'homme. Jamais il n'y a disparition d'une certaine quantité d'énergie qui passerait, sous une forme inconnue, au delà des limites du monde qui nous est connaissable.

Si une telle chose était démontrée, on pourrait en tirer l'une ou l'autre des conclusions suivantes :

1° L'énergie, malgré tous les efforts que fait l'homme pour créer une science impersonnelle, n'est pas indépendante de la nature de l'homme; elle n'est qu'un invariant, commode à utiliser dans les calculs, du monde *avec lequel l'homme est en relations* par les diverses échelles auxquelles se passent les mouvements qui nous sont connaissables.

2° Ou bien, au contraire, l'homme est placé au milieu des phénomènes naturels de manière à être sensible directement ou indirectement à *tous* les changements, quels qu'ils soient, qui se produisent dans le monde.

Admettre la seconde de ces conclusions, ce serait admettre que l'homme est arrivé, par sa Science impersonnelle, à la connaissance de quelque chose d'absolu. Si, au contraire, on adopte la première, la notion d'énergie n'apparaîtra plus que comme un artifice commode pour les calculs relatifs au monde connu de l'homme.

§ 17. — L'EXISTENCE DES INVARIANTS.

La découverte des corps radio-actifs a récemment mis en question la valeur scientifique du fait même de la conservation de l'énergie. Des savants se sont demandé si l'énergie produite par la radio-activité provenait d'une provision d'énergie chimique accumulée dans des corps considérés à tort comme simples et indestructibles — auquel cas, le principe de la conservation de l'Énergie serait sorti victorieux de l'épreuve. D'autres ont pensé que la radio-activité était la transformation en une forme d'énergie accessible à l'homme, d'une forme d'énergie inaccessible à nos investigations. Si cela était, le principe de la conservation de l'énergie ne serait plus vrai pour les formes d'énergie connues de l'homme, les seules dont il ait pu utiliser les mesures pour l'établissement de ce principe; la quantité d'énergie connaissable à l'homme ne serait plus constante.

Il semble aujourd'hui établi que l'énergie radio-active provient d'une origine chimique, mais la destruction est si lente qu'elle est très difficile à apprécier. Il faudra très longtemps pour mesurer le coefficient de la transformation radio-active. En attendant que cette mesure soit effectuée, et elle lèvera tous les doutes si elle se réalise, des physiciens au nombre desquels il faut citer Sagnac se sont demandé[1] si, au cas où l'origine chimique de l'énergie radio-active ne serait pas démontrée, on

---

(1) J'ai moi-même émis cette hypothèse il y a quelques années, en proposant l'expérience des pendules comparés. V. *Les Lois naturelles*, op. cit., p. 116.

ne pourrait pas trouver son équivalent dans une autre forme d'énergie connue de l'homme, l'énergie gravifique par exemple, qui donne aux corps l'accélération de la pesanteur.

Enfin, Gustave Le Bon a supposé que l'énergie pouvait apparaître en compensation d'une destruction de matière. Ce serait l'augmentation d'une quantité considérée comme constante, l'énergie, aux dépens d'une autre quantité considérée également comme constante, la masse. C'est ce que G. Le Bon a appelé la *dématérialisation de la matière*. Il ne faut pas confondre cette manière de voir avec celle dont je parlais tout à l'heure et dans laquelle la radio-activité résulterait d'une décomposition chimique d'un corps cru simple; si l'on accepte en effet cette dernière hypothèse, la masse est constante d'une part, l'énergie est constante d'autre part. Dans l'hypothèse de Gustave Le Bon, il n'y aurait plus qu'une constante, la somme de la masse et de l'énergie.

En tout cas, sauf les circonstances où il se produit de la radio-activité, et ces circonstances, si elles ne sont pas rares, ne sont du moins pas très importantes comme quantité d'énergie libérée, par rapport aux autres quantités d'énergie dont les transformations nous frappent tous les jours, en dehors de ces cas, dans lesquels il n'y a peut-être rien d'extraordinaire, les principes de la conservation de la masse et de la conservation de l'énergie paraissent établis sur des bases suffisamment solides. Il est donc indispensable, au point de vue philosophique, de se demander si ces deux invariants, la masse et l'énergie, correspondent à des entités vraiment impersonnelles, ou si, au contraire, il ne faut y voir que des définitions *a posteriori* introduisant de la commodité dans les calculs.

J'ai parlé de la conservation de l'énergie avant de parler de la conservation de la masse, quoique la loi de Lavoisier soit historiquement antérieure à la découverte des principes d'équivalence, parce que la quantité nommée énergie est moins directement accessible à l'imagination de l'homme, et aussi parce que la conservation de la masse[1], d'une matière douée d'*inertie*, peut paraître moins intéressante pour tous les philosophes.

L'ensemble de ces deux principes de conservation a d'ailleurs une conséquence qui n'est guère flatteuse pour la vanité de l'homme. L'homme a à sa disposition des *provisions* formées de matière et d'énergie. Grâce à ces provisions il exécute des travaux qu'il considère comme très importants, et lorsqu'il essaie d'établir le bilan de son activité, il s'aperçoit que le résultat en est nul! Il s'est agité

---

(1) J'ai montré ailleurs (*Les Lois naturelles*, op. cit.), comment on peut définir la masse d'un corps, sans faire appel à aucune notion autre que celles du canton de la vision des formes. Je n'y reviens pas ici.

vainement, sans avoir pu toucher aux provisions dont il se croyait le maître et qui se retrouvent intactes après lui ! Il a tourné dans un cercle, comme un écureuil dans sa cage ! J'ai proposé ailleurs de représenter symboliquement toute activité animale par la formule $(A \times B)$, dans laquelle A représente le corps de l'animal et B le monde qui l'entoure. On pourrait appliquer une formule identique à tout phénomène ayant pour siège un corps transportable parmi les autres corps. L'expression de la conservation de la masse et de la conservation de l'énergie serait alors :

$$\sum (A \times B) = o$$

symbole de la vanité de tous les efforts. Il n'est donc pas inutile de savoir s'il se cache quelque chose de conventionnel dans la définition de la masse et la définition de l'énergie. Dans l'évolution universelle, nous avons besoin de points de repère, de quantités constantes. Il faut chercher si la masse et l'énergie nous fournissent réellement les invariants demandés.

§ 18. — LES PROVISIONS.

La possibilité de la démonstration expérimentale de la constance d'une provision est dominée par la possibilité de réaliser une enceinte de laquelle ne sorte rien qui compte en tant que provision, sans qu'on puisse en mesurer exactement la valeur.

Quand Lavoisier fait son expérience de la conservation de la masse, il la fait dans des vases clos imperméables aux solides, aux liquides et aux gaz, c'est-à-dire aux trois formes sous lesquelles nous connaissons les masses matérielles. Je signale seulement pour commencer, cette loi de Lavoisier qui peut s'exprimer ainsi : « Quand, dans une enceinte de laquelle il ne sort aucune masse il se produit des changements quelconques, la masse totale des corps contenus dans l'enceinte ne varie pas. » Gustave Le Bon affirme que dans certains cas cela n'est pas vrai et qu'une partie de la masse peut disparaître en tant que masse, et se transformer en énergie. D'autre part on a cru remarquer depuis quelque temps que, au delà d'une certaine vitesse, la masse d'un corps ne serait plus constante, mais il s'agit là de vitesses qui ne sont pas usuelles dans la vie de l'homme, et les transformations dont parle G. Le Bon sont peu importantes dans la vie ordinaire. Je n'ai pas à m'occuper ici des exceptions possibles aux lois de conservation, je me propose seulement de savoir si ces lois, quand elles sont vérifiées, correspondent à une réalité ou à une définition. La question est plus facilement abordable par le côté énergie.

§ 19. — ORIGINE DE LA NOTION D'ÉNERGIE.

La notion d'énergie est antérieure à sa définition mathématique. Au sens étymologique, le mot énergie signifie « capacité de travail ». On dit qu'un système contient une certaine quantité d'énergie quand il y a en lui la possibilité d'accomplissement d'une certaine quantité de travail. La mesure de l'énergie revient donc à des mesures de travail. C'est dans la définition du travail qu'il faut chercher la part possible de convention.

Dans le langage humain, accomplir un travail cela veut dire réaliser un changement dans le monde ambiant. L'homme qui a réalisé ce changement, a travaillé, a fourni un effort grâce auquel s'est effectuée une modification qui, *sans lui*, n'aurait pas eu lieu. Si, par exemple, je prends une pierre à terre et que je la soulève pour la poser sur un talus, j'ai accompli une besogne à laquelle je me sais indispensable. *Sans moi*, la pierre serait restée par terre, là où elle était. Je *sais* que la pierre n'avait pas *en elle* ce qu'il fallait pour accomplir sans mon secours cette ascension vers le talus. Cependant, si cette pierre avait été un bloc de poudre B, dans l'état où se trouvaient celles de l'*Iéna* une seconde avant l'explosion, je me serais bien trompé en déclarant qu'elle n'avait pas en elle des capacités de travail considérables. Dans ce bloc de poudre, inerte à l'*échelle* des objets visibles pour moi, se passaient à mon insu, à une échelle plus petite et invisible, des phénomènes qui libéraient une prodigieuse quantité d'énergie mécanique. Mais à l'époque où est née la notion du travail accompli par l'homme et de l'inertie des corps bruts, nos ancêtres ne rencontraient pas souvent sur leur route des morceaux de poudre B. Quand un changement survenait dans la disposition des corps bruts familiers, *connus pour incapables de se déplacer par eux-mêmes*, on attribuait ce changement à l'intervention d'un homme ou d'un agent quelconque produisant ce qu'eût produit un homme. Et l'on évaluait la grandeur du changement observé, en se demandant quel effort il eût fallu à un homme pour le réaliser.

Ainsi, de la constatation de changements accomplis dans un monde que l'on considérait *à priori* comme incapable de changer par lui-même, est née la notion d'*agents* capables de produire ces changements, comme un homme les produirait. Cette opinion a été le résultat naturel de l'idée psychologique initiale, de la différence établie dès le début entre le *moi* et le *non-moi*, le *moi* contenant des possibilités de travail, de changements à accomplir dans le domaine ambiant. Ce dualisme initial a été le point de départ du dualisme ultérieur; d'abord le monde et l'homme, ou les agents comparables à l'homme; puis la masse inerte, et l'énergie capable de déplacer les masses, de transformer le substratum dépourvu de spontanéité. C'est avec ce dualisme qu'a été créée la mécanique universelle; ce dualisme s'est conservé de notre temps, même après que l'application de la science à l'étude de la vie eût démontré l'illégitimité de la séparation de l'organisme et de l'ambiance. Dans un milieu contenant un homme, l'homme fait partie du milieu au même titre que les autres éléments ; il n'est pas un créateur de mouvement, de transformation ; il *subit*, au lieu de les imposer, des lois rigoureuses qui s'appliquent aussi aux autres éléments du monde. Malgré tout, le dualisme, calqué sur le *moi* et le *non-moi*, a persisté ; il est commode pour le calcul, mais nous devons nous demander quelle est sa valeur philosophique.

§ 20. — LES CHANGEMENTS.

Et d'abord, quelle est la signification du mot changement ? Ce mot a une signification immédiate dans le langage humain. Je connais le monde à un certain moment ; un instant après, je connais un monde différent. Les différences constituent un changement. Je n'ai pas à me demander si c'est moi qui ai changé, ou si c'est le monde, puisque, dans mon langage humain, moi, observateur, je suis quelque chose d'immuable, de fixe. Je puis apprécier le changement constaté par mes divers sens aux diverses échelles de l'activité extérieure. Si ma science est assez avancée, je puis le mesurer ; si je fais une mesure impersonnelle, je disparais dans l'opération, et je sais qu'un autre homme, employant les mêmes procédés que moi, obtiendrait le même résultat. Convaincu d'avance que le monde est incapable de changer par lui-même, j'attribue le changement mesuré à un *agent* capable de le produire ; de la mesure du changement, je conclus à l'effort nécessaire pour le produire ; non seulement j'ai inventé l'*agent* du mouvement, mais j'ai la prétention de le mesurer. Ces agents, calqués sur mon propre modèle, et dont je peuple l'Univers, inerte par lui-même, ce sont les forces.

Suivant le canton de l'activité universelle dans lequel se passe le changement que je constate, j'imaginerai et j'évaluerai des *forces* différentes, mais qui toutes auront ce caractère commun de pouvoir introduire des changements dans l'univers inerte. Puisque les principes d'équivalence établis au cours du xixe siècle ont montré que tout changement, de quelque nature qu'il soit, *équivaut* à un changement mécanique, bornons-nous à étudier ce qu'on appelle changement dans la mécanique du mouvement visible, partie de notre science actuelle à laquelle s'appliquent le plus facilement le langage mathématique et le langage humain.

Je fais simplement remarquer, avant d'entreprendre cette étude, combien il est difficile de s'exprimer aujourd'hui au sujet de ces questions de changement, depuis que nous savons que tout évolue, que tout change. Le changement n'est pas l'exception, mais la règle ; il n'y a pas de choses immuables dans le monde ; le vent souffle, le ruisseau coule, l'arbre pousse. Le seul modèle d'apparence stable que nous rencontrions nous est fourni par les corps solides, par les cailloux de la route, qui évoluent plus lentement que nous, mais qui évoluent cependant. C'est là, d'ailleurs, qu'est l'origine de la notion d'inertie, base de toute la mécanique et de toutes les philosophies.

§ 21. — INERTIE ET LIGNE DROITE.

Le *principe* de l'Inertie s'énonce ainsi : Un corps ne peut modifier par lui-même son état de repos ou de mouvement. Le caillou qui est sur la route ne grimpera pas *seul* sur le talus, tandis qu'une souris le fera. L'expression « par lui-même » indique nettement la comparaison qui a été le point de départ de la formule; évidemment, on a comparé le caillou à un être vivant, comme je le faisais remarquer plus haut. Le caillou n'a pas en lui les moyens que j'ai en moi de monter sur le talus, si je le veux. Si donc je constate que le caillou, couché hier sur la route est aujourd'hui sur le mur voisin, j'en conclurai qu'il n'y est pas monté seul, qu'un agent capable de produire des effets que je produis moi-même l'a déplacé et transporté. Laissons de côté pour le moment le cas où un être vivant est intervenu dans l'affaire. Toutes les fois qu'un corps brut a changé de place, nous disons qu'une *force* l'a déplacé, et nous calculons la valeur de cette force en mesurant le déplacement. Cela fait, le dualisme est introduit dans la mécanique ; il ne la quittera plus.

Une fois la notion de force créée, on donne au principe de l'Inertie une autre expression. La traduction, dans ce nouveau langage, de l'histoire du caillou serait : un caillou qui est sur la route ne bouge pas, s'il n'est soumis à aucune force.

En mécanique, on donne aussi du principe de l'Inertie une formule un peu différente : « Un corps qui n'est soumis à aucune force ne peut avoir qu'un mouvement rectiligne et uniforme ». Cette formule étonne beaucoup les enfants auxquels on l'enseigne. Du moins, elle m'a beaucoup étonné quand on me l'a apprise. La notion d'inertie est si naturelle à l'homme que je l'admettais sans aucune peine. Une pierre sur la route est inerte, moi qui marche je ne le suis pas. Mais j'étais stupéfait qu'on pût considérer comme inerte un corps doué de mouvement, ce mouvement fût-il rectiligne et uniforme, Je me demandais d'ailleurs pourquoi ces deux qualités spéciales, l'uniformité comme vitesse et la direction rectiligne avaient été choisies comme enlevant au mouvement toute valeur en tant que changement. On aurait pu me répondre : « Un mouvement est quelque chose qui a deux qualités, la vitesse et la direction ; tant que ces deux qualités ne changent pas, le mouvement reste semblable à lui-même et ne change pas. » Et j'aurais été obligé de me déclarer satisfait, quoique ne l'étant pas en réalité. Je comprends très bien qu'un mouvement soit défini à chaque instant par sa vitesse et sa direction; je crois même que, dans notre système mathématique actuel, aucune autre définition ne permet de mesurer avec plus de facilité les éléments d'un mouvement, mais de ce que ces conventions sont commodes, je ne conclus pas qu'elles représentent quelque chose d'absolu; je vois au contraire deux éléments conventionnels nouveaux, la ligne droite et la vitesse uniforme, qui sont introduits dans la définition de la force; j'en infère que la force doit être quelque chose de bien conventionnel. Et je n'accepte pas que l'on donne comme un *principe*, comme le principe fondamental de l'Inertie, l'énoncé retourné de la définition que l'on a jugé commode de choisir pour ces choses mystérieuses que l'on appelle les *forces* et que je n'ai jamais vues.

Je n'avais pas, étant enfant, les mêmes habitudes de raisonnement qu'aujourd'hui. Ces mouvements rectilignes et uniformes, qui n'avaient pas la valeur d'un changement, ont longtemps hanté mon imagination. J'ai rêvé de mobiles qui traverseraient notre ambiance avec un mouvement rectiligne et uniforme, et qui ne compteraient pas dans l'état du monde. J'avoue que je n'en ai jamais vu. On m'a signalé comme exemple le mouvement d'une bille de billard, mais ce mouvement finit par s'arrêter;

il n'est pas uniforme, même quand il est rectiligne. Dans la machine d'Atwood, l'ingénieuse expérience de la suppression de la masse additionnelle réalise le mouvement rectiligne et uniforme, légèrement retardé cependant par les frottements. Mais justement, le dispositif est trop ingénieux ; il a fallu dépenser trop de génie pour réaliser à peu près ce genre d'inertie qui devrait courir le monde. Le seul modèle vraiment correct d'un mouvement rectiligne et uniforme est fourni par un train qui marche sur une voie droite à une allure constante. Or, personne ne dira que ce mouvement résulte de l'absence de tout effort. Le mécanicien sait combien il faut dépenser de chaleur et d'attention pour la réaliser.

Le *principe* (?) de l'Inertie n'est donc qu'une définition, la définition de la force en mécanique ; et j'ai le droit de m'appesantir sur les conventions incluses dans cette définition, puisque cette définition sera employée à son tour dans celle du travail qui sera employée dans celle de l'énergie dont je veux discuter la valeur philosophique.

Le seul modèle d'un corps qui manifeste son *inertie* nous est fourni par un caillou qui repose sur le sol. C'est ce modèle qui a fourni la notion d'inertie à nos ancêtres ; or, ce caillou *pèse* sur le sol ; tous les traités de mécanique nous indiquent qu'il est soumis à l'action d'une force incessante, la pesanteur. Pour être loyal, il faudrait compléter le principe de l'Inertie par cette remarque : nous ne connaissons pas de corps dans le monde qui ne soit soumis à aucune force. Cela suffirait peut-être à empêcher qu'on acceptât comme démontré le dualisme mécanique, force et matière, énergie et masse. Il faut se défier des procédés d'analyse que des élèves peuvent prendre pour des réalités. Le cycle de Carnot, qui décompose une transformation réelle en des transformations théoriques, isothermes et adiabatiques, a fait rêver bien des étudiants qui essayaient de s'imaginer des transformations impossibles.

§ 22. — LES PRINCIPES D'ÉQUIVALENCE ET LES DÉFINITIONS CONVENTIONNELLES

Revenons à l'Énergie.

Un homme qui se propose de déplacer un caillou a besoin d'un effort plus grand si le caillou est gros et lourd, que s'il est petit et léger ; il a à vaincre une inertie plus considérable. J'ai montré ailleurs [1] comment il a été possible de faire correspondre à cette sensation d'effort quelque chose d'entièrement mesurable par les procédés du canton de la vision des formes. On peut mesurer indirectement les masses ; on peut les mesurer directement en les comparant à une masse étalon au moyen de la balance. Je renvoie au même ouvrage, pour le pas-

---

(1) *Les lois naturelles, op. cit.*

sage, de la mesure de la masse, au calcul de la force qui change son mouvement, par la mesure de l'accélération de ce mouvement. Cette accélération est la seule manifestation de la force. La formule qui calcule la force par le produit de la masse et de l'accélération tient compte à la fois de la grandeur du changement opéré et de la grandeur de la masse sur laquelle il est opéré. Tout cela est très logique; mais, même calculée ainsi, la force, grandeur mathématique, est le résultat de conventions multiples dont la plus frappante est le rôle attribué à la ligne droite dans les définitions. Cette introduction de la ligne droite dans tous ses procédés d'analyse est instinctive chez l'homme; le mot direction lui-même en est tiré, et nous ne savons par parler du mouvement. même curviligne, sans faire d'allusion à la ligne droite. Mais toutes ces nécessités du langage font, de la *force*, que beaucoup veulent considérer comme une entité, une grandeur conventionnelle. Et rien ne le prouve plus que ce théorème de la mécanique élémentaire : on peut remplacer le système de toutes les forces appliquées à un corps solide par un système extrêmement simple et équivalant exactement au premier, et ceci d'une infinité de manières. Il est donc bien évident que les forces ne sont que des grandeurs conventionnelles, commodes pour analyser l'état d'un système de corps; et on les choisit, dans chaque cas, le plus commodément possible.

Que les changements de vitesse et de direction soient des éléments conventionnels commodes pour l'analyse d'un changement dans l'état mécanique d'un système de corps, cela n'enlève rien de sa réalité au changement que l'on analyse. En géométrie analytique, on rapporte une courbe à un système de coordonnées arbitrairement choisi, et cela n'empêche pas de découvrir des propriétés réelles de la courbe, propriétés indépendantes du système d'axes auquel on la rapporte.

La force, définie avec les conventions que je viens d'étudier, a un avantage au point de vue humain, c'est qu'elle correspond plus ou moins exactement à une sensation humaine, la sensation d'effort. Il est donc possible de parler de forces dans le langage psychologique, et c'est là, évidemment, l'origine de la convention qui a amené à considérer comme une grandeur importante le produit de la masse par l'accélération. Le travail de la force dépend du temps pendant lequel l'effort a été effectué, du chemin qu'a parcouru le corps soumis à l'effort. Reprenons donc, une fois de plus, le langage courant ou langage psychologique, celui qui parle de l'homme comme d'une chose séparée du monde ambiant et y introduisant des commencements absolus.

Voici un système de corps ; j'y introduis, par un effort volontaire, une modification. Cette modification résultant de mon effort sera une chose *créée*, qui pourra se transformer, mais *ne disparaîtra plus jamais*, et qui, dans toutes ses transformations, restera équivalente à l'effort fourni. C'est là l'énoncé en langue vulgaire du principe de la conservation de l'Énergie.

L'observation courante n'est pas favorable à ce principe. Si je pousse un rocher sur une route horizontale, je dépense un effort considérable et, cependant, quand j'arrête mon effort, le rocher s'arrête sans avoir acquis une provision d'énergie mécanique correspondante ; il est resté au même niveau et j'ai, semble-t-il, travaillé en pure perte. Mon erreur tient à ce que mon observation, précise au point de vue mécanique, ne l'est pas au point de vue thermique.

Le rocher n'a pas gagné d'énergie mécanique en roulant sur un terrain plat, mais son frottement a développé de la chaleur dont je n'ai pas tenu compte. Pour observer expérimentalement la conservation de l'énergie mécanique, il faut choisir un système dans lequel il y ait presque uniquement des phénomènes mécaniques, avec le moins possible de déperdition sous forme de chaleur ou d'électricité. Un pendule bien construit est un bon modèle pour une telle expérience, surtout si l'on peut éviter le frottement du pendule contre l'air. Le pendule étant au repos vertical y resterait indéfiniment si un homme, ou un agent comparable à un homme, n'intervenait pour l'écarter de sa position de repos au prix d'un effort. Cet effort étant fourni une fois pour toutes, le pendule, abandonné à lui-même, oscillera, et à chaque instant, son énergie totale, en tant que pendule oscillant, équivaudra à l'effort dépensé pour le mettre en train. Pratiquement, même dans les conditions les meilleures, le pendule le mieux suspendu, oscillant dans le vide, finira par s'arrêter, parce que son énergie mécanique se sera peu à peu dépensée en frottements produisant de la chaleur. Ainsi donc, si un effort est exercé sur un système mécanique, cet effort se trouve ensuite représenté dans ce système jusqu'à ce qu'il en sorte, sous une forme ou sous une autre, mais équivalent à ce qu'il était au début.

Si, maintenant, au lieu de parler la langue courante, nous considérons le système formé par l'homme, la Terre et le pendule, nous ne parlerons plus d'un effort créé par l'homme, mais nous constaterons que la quantité d'énergie dépensée par l'homme pour mettre le pendule en branle se retrouve ensuite entièrement dans le pendule oscillant. Ainsi, dans le système formé par l'homme, la Terre et le pendule, système que nous considérons provisoirement comme isolé du reste du monde, il y a eu *déplacement* d'une certaine quantité d'énergie, mais avec balance exacte des profits et pertes.

Quand cette constatation se trouve en défaut, on

doit toujours trouver, représentant une partie de l'énergie mécanique disparue, des quantités *équivalentes* de chaleur, d'électricité, ou de toute autre forme d'énergie.

La possibilité de cette équivalence, établie par les savants du XIXᵉ siècle, entre des quantités de travail et des quantités de chaleur par exemple, semble bien prouver que, malgré sa définition conventionnelle (produit d'une *force* par le chemin parcouru, $M\gamma e$), le travail mécanique correspond à quelque chose de réel. On est arrivé à une définition mathématique du travail, en définissant séparément des éléments conventionnels ; mais dans le produit de ces éléments que l'on appelle travail, les conventions des définitions premières disparaissent, comme disparaissent dans les invariants d'une conique les conventions qui ont présidé au choix des axes de coordonnées.

§ 23. — DÉFINITIONS SYMÉTRIQUES

Il est possible de donner, de ce principe de la conservation de l'énergie mécanique, une formule calquée sur celle du principe de l'Inertie. Ayant vu ce qui se cache de convention dans l'énoncé de ce premier principe, nous pouvons nous proposer de rechercher, dans l'énoncé analogue du principe de la conservation de l'Énergie, ce qu'il y a de convention et ce qu'il y a de vérité expérimentalement conquise. Voici d'abord l'énoncé calqué sur le premier :

Un système de corps ne peut changer par *lui-même* l'état de repos ou de mouvement de son centre de gravité.

Ou encore :

Le centre de gravité d'un système de corps qui n'est soumis à aucune action extérieure, ne peut avoir qu'un mouvement rectiligne et uniforme.

On conçoit très bien que ces deux formules sont, dans notre langage conventionnel employant des lignes droites et des vitesses, l'expression de la conservation de l'énergie dans un système isolé[1]. Si, en effet, sans apport extérieur d'énergie, le centre de gravité du système subissait une accélération, nous pourrions, en mesurant cette accélération, calculer un travail correspondant ; et ce travail aurait été fait avec rien.

Supposons, pour fixer les idées au moyen d'un exemple simple, que le système isolé soit formé seulement de deux corps. Si l'un de ces deux corps subit, sans apport extérieur d'énergie, une accélération donnée, l'autre devra subir aussi une accélération telle que le résultat combiné de ces deux

---

(1) La forme de l'énoncé ainsi réalisé reste conventionnelle, puisqu'elle parle de mouvement rectiligne et uniforme du centre de gravité ; mais le système considéré est lui-même un système théorique irréalisable. Il n'y a pas de système purement mécanique, et la valeur philosophique de la conservation de l'énergie réside dans les principes d'équivalence.

accélérations soit pour le centre de gravité des deux corps, une accélération nulle. Sous cette forme, le principe prend le nom d'*égalité de l'action et de la réaction*. Je considère, par exemple, dans l'espace, deux de ces mobiles théoriques ayant l'un et l'autre une vitesse uniforme et une direction rectiligne. Chacun de ces deux corps est, par définition, soustrait à toute influence extérieure ; il en est de même de l'ensemble des deux corps, ensemble dont le centre de gravité a un mouvement rectiligne et uniforme. Si ces deux corps se heurtent, ils prennent, l'un et l'autre, deux accélérations se compensant de telle manière que le centre de gravité de leurs ensembles continue sa marche monotone.

§ 24. — ÉQUIVALENCE ET ÉQUILIBRE

La conséquence de ces considérations est que, si un système de corps peut être considéré comme isolé, aucun des corps du système ne peut être l'objet d'un changement sans que l'ensemble des autres corps du système subisse, lui aussi, un changement correspondant et qui compense le premier. J'ai proposé[1] de substituer à l'expression « système isolé » l'expression, « système complet » que je définis par la propriété qu'a ce système com-

---

(1) V. *Les Lois naturelles; op. cit.*

plet de « porter son devenir en soi ». Le principe de la conservation de l'énergie, dans un tel système, est donc l'énoncé de l'existence de *liaisons* entre les diverses parties du système.

Cette remarque nous fait comprendre que le principe de l'inertie ait la même forme que celui de la conservation de l'énergie. Une masse continue, un corps solide est, en effet, un système de corps réunis par des liaisons telles que leur disposition relative ne varie pas. Le mouvement d'une telle masse qui se meut uniformément est donc un cas particulier de celui des corps d'un système isolé, cas particulier dans lequel tous les corps composant le système ont des vitesses égales et parallèles.

L'existence des *liaisons* que nous venons de découvrir, sous l'énoncé du principe de la conservation de l'énergie, se manifeste à nous dans la nature d'une manière plus ou moins évidente suivant les cas. Elle est surtout facile à observer quand il n'y a en jeu que des phénomènes purement mécaniques, transmission de mouvement par chocs, mouvements pendulaires, oscillatoires, etc.

Elle devient plus difficile à observer quand elle passe du canton de la vision des formes dans des cantons différents, comme le canton thermique ou le canton sonore. Mais elle est alors aussi plus intéressante à constater. C'est la principale conquête de science du XIXe siècle que celle de l'*équiva-*

lence des formes d'énergie se manifestant à des échelles différentes. Le principe général de la conservation de l'Énergie revient à la constatation de *liaisons* entre les diverses parties du monde que nous connaissons et les divers phénomènes qui s'y manifestent aux échelles les plus diverses. En d'autres termes, la conservation de l'énergie est un phénomène d'*équilibre*[1]. Dans l'univers que nous connaissons, et où tout change sans cesse, les corps qui paraissent les plus libres les uns des autres ont entre eux des relations cachées qui font qu'aucun changement n'est indifférent à l'ensemble, dans quelque domaine qu'il se produise. Et ce sont ces relations cachées que nous avons trouvées le jour où notre science impersonnelle, à travers nos modes arbitraires de notations[2], a conçu cet *invariant* du monde perpétuellement mobile, invariant qui n'est à aucune échelle et qui permet, par conséquent, d'ajouter, d'additionner légitimement des quantités en apparence aussi dissemblables que des quantités de travail mécanique et des quan-

(1) On dit que deux corps sont en équilibre quand chacun d'eux est un facteur de l'état de repos ou de mouvement de l'autre.

(2) La notion de masse provient, elle aussi, de calculs faits au moyen d'éléments conventionnels du canton de la vision des formes, ainsi que je l'ai montré dans *Les Lois naturelles*. La loi de Lavoisier, suivant la conservation de la masse à travers tous ses avatars, montre que cette notion a, comme la notion d'énergie, une valeur indépendante des conventions à travers lesquelles on y est arrivé.

tités de chaleur. De la notion d'effort, point estimé de l'étape psychologique, l'homme a tiré des indications précieuses qui lui ont permis d'utiliser, en langage mathématique impersonnel, le point observé et calculé qu'est la conservation de l'Énergie.

*
* *

L'étude de la conservation de l'Énergie conduit directement à celle de l'Équilibre universel; mais il est une question importante dont nous devons nous occuper avant d'aborder l'exposé de ce langage nouveau de l'équilibre qui sera si fécond, surtout en Biologie; c'est celle du *sens* dans lequel se passent les phénomènes naturels. L'égalité qui exprime la conservation de l'Énergie n'indique aucunement que tel phénomène a été la cause et tel autre l'effet; en prenant l'effet pour la cause, on obtiendrait la même équation. C'est un mémoire de Sadi Carnot qui a élucidé pour la première fois la question du sens des phénomènes; on donne en conséquence le nom de principe de Carnot au principe qui indique le sens de l'écoulement naturel des faits. Nous allons l'étudier maintenant avant d'aborder la question générale de l'équilibre.

LIVRE II

LE SENS DES PHÉNOMÈNES NATURELS [1]

« La Nature ne fait pas crédit. »

CHAPITRE V

Les écoulements d'énergie.

§ 25. — LE MÉMOIRE DE SADI CARNOT.

Le fils aîné de l'organisateur de la victoire, Sadi Carnot, mort à la fleur de l'âge en 1832, avait publié, dès 1824, un mémoire dont la fortune a été extraordinaire. Ce travail s'intitulait modestement *Réflexions sur la puissance motrice du feu et sur les machines propres à développer cette puissance*[2]. Il renfermait des vues très nouvelles; il est considéré généralement comme le point-de départ de la thermodynamique, l'une des sciences

---

(1) *Revue de Paris*, 1ᵉʳ janvier 1907.
(2) Il a été réimprimé en fac-similé chez Hermann, 1903.

les plus fécondes qu'ait vues naître le xixe siècle. Dans son histoire de la mécanique, le professeur Ernst Mach admire les conceptions géniales du jeune polytechnicien ; il déclare que toutes les autres découvertes dont s'est enrichie la science de la chaleur auraient pu être faites par n'importe qui, auraient été faites normalement au cours du développement normal des études physiques, mais que, pour trouver le principe de Carnot, il fallait un coup de génie dans l'un de ces cerveaux privilégiés que la nature produit si rarement, et qui font franchir à l'humanité une étape décisive.

Cette affirmation enthousiaste est empreinte de quelque exagération ; on peut le faire remarquer sans porter atteinte à la gloire du savant français ; outre le principe qui porte son nom, il a en effet découvert aussi le principe de l'équivalence mécanique de la chaleur, dont la paternité est attribuée à Mayer (1842). On a trouvé, dans les papiers de Sadi Carnot, l'expression parfaite de ce dernier principe que la mort ne lui avait pas permis de publier. Son frère Hippolyte Carnot a déposé en 1878, dans les archives de l'Académie des Sciences, le manuscrit qui contient l'exposé de cette découverte : forcément antérieur à 1832, date de la mort de l'auteur, ce manuscrit est postérieur à 1824.

L'intérêt du mémoire de 1824 est l'emploi, indispensable dans toute science à ses débuts, de la méthode globale d'investigation[1]. Mis en présence d'une machine à vapeur, et dérouté par la variété des phénomènes qui s'y succédaient, le jeune ingénieur a dû se dire : « Voilà un ensemble trop compliqué pour que j'en puisse suivre, sans m'y perdre, tous les détails ; commençons par chercher ce qui y entre et ce qui en sort ; ce sera toujours un premier pas dans l'étude complète des faits ». Et il a constaté, sans trop de peine, qu'il entre dans le moteur de la vapeur chaude, et qu'il en sort de la vapeur refroidie.

Il aurait pu en conclure immédiatement qu'une dépense de chaleur produit du travail, et il se serait trouvé sur la voie du principe de l'équivalence, auquel il arriva plus tard. Heureusement, il s'arrêta à la considération des températures initiale et finale du phénomène ; il remarqua que, dans toutes les machines à feu, la production du travail est liée à une chute de température, au transport du calorique d'un corps chaud à un corps froid, d'une source chaude à une source froide, et il eut le grand mérite de reconnaître l'importance et la généralité de cette remarque : « D'après ce principe, dit-il, il ne suffit pas pour donner naissance à la puissance motrice, de produire de la chaleur : il faut encore se procurer du froid ; sans lui, la chaleur serait inutile ».

(1) Voyez l'introduction de mon Traité de Biologie.

La chaleur ne travaille qu'en passant d'une température plus haute à une température plus basse. Voilà ce que Sadi Carnot a compris avant tout le monde; les droits d'aucun physicien ne sauraient prévaloir contre les siens, tant qu'il s'agira des machines à feu, de la valeur motrice de la chaleur. Mais depuis un siècle, le monde a marché; l'homme a utilisé de nouvelles formes de l'énergie, l'électricité par exemple; et le principe établi par Carnot pour la chaleur s'est trouvé susceptible d'une généralisation que son auteur n'avait pu prévoir. On a conservé néanmoins le nom de Carnot à ce principe, qu'il vaudrait mieux appeler « principe d'évolution » comme l'ont proposé Jean Perrin[1] et Langevin. Le principe de Carnot n'est, en effet, que l'application du principe général d'évolution au cas particulier de la chaleur.

§ 26. — ÉCOULEMENTS D'ÉNERGIE ET TRANSFORMATEURS.

L'exemple familier des chutes d'eau va nous permettre de rendre la question accessible à tous. Traduite en langage hydraulique, la remarque de Carnot serait très simple : « Un moulin, une turbine, ne sauraient être actionnés par de l'eau à un niveau constant; ce qui produit du travail dans le moulin ou la turbine, c'est, non pas l'eau elle-même, mais

(1) *Traité de Chimie physique,* Paris, Gauthier-Villars, 1903.

la chute d'eau. Il ne suffit pas d'un lac pour produire du mouvement; il faut encore un endroit situé plus bas que le niveau du lac, et où l'eau du lac puisse tomber ».

Tout cela, on le savait avant Carnot, et il aurait pu dire simplement que la température est comparable, pour la machine à feu, à ce qu'est le niveau de l'eau pour une machine hydraulique. Une machine à feu suppose une différence de température entre deux sources, comme une machine hydraulique suppose une différence de niveau entre deux réservoirs. Entre un premier lac situé à 100 mètres d'altitude et un second lac situé à 50 mètres seulement, une chute d'eau fournit du travail, tant que l'eau du lac supérieur n'a pas, à force de baisser, atteint le niveau auquel, grossi par le liquide reçu, est monté le lac inférieur. Une fois le nivellement effectué, tout écoulement cesse, et aussi tout travail, à moins qu'on ne trouve un nouvel endroit situé plus bas, où l'on puisse faire couler le liquide accumulé dans les deux lacs.

Pour le moment, je laisse de côté l'évaporation du lac inférieur : cette eau évaporée, retombant en pluie dans le lac supérieur, pourrait créer une nouvelle dénivellation, donc une nouvelle possibilité d'écoulement et de travail. Je m'en tiens à la considération de deux lacs, entre lesquels il ne se produirait d'autre phénomène qu'un écoulement, qu'une dépense d'énergie sous une seule forme.

C'est là quelque chose d'artificiel, d'impossible en réalité ; mais, pour analyser avec simplicité la si complexe nature, il faut employer des procédés de cet ordre : toute analyse est artificielle.

Avec cette restriction provisoire, nous pouvons traduire intégralement la formule de Carnot dans le langage hydraulique ; elle nous paraîtra tellement évidente que nous y verrons l'expression d'une vérité banale et sans portée : « De l'eau à un niveau fixe ne peut pas produire du travail ; pour qu'un travail se fasse, il faut deux niveaux différents ; c'est seulement du niveau supérieur vers le niveau inférieur que se fera un écoulement produisant du travail ; le niveau définitif d'équilibre sera intermédiaire aux deux niveaux primitifs ». Tout cela, pour la science hydraulique, est tellement connu que nous n'y prenons plus garde. Pourtant, il faut distinguer. Si l'on a défini antérieurement les niveaux des deux lacs par des mesures géométriques, indépendantes des questions d'écoulement, l'observation du courant permet d'énoncer un théorème physique : l'eau va naturellement de haut en bas. Si, au contraire, comme le font ordinairement les géographes, on s'en est tenu au sens du courant pour définir la différence de niveau, la précédente proposition devient une tautologie.

De même pour la chaleur. Nous mesurons aujourd'hui les températures avec le thermomètre comme on mesure les hauteurs avec le mètre ; mais, avant l'invention du thermomètre, avant l'observation des dilatations des corps par la chaleur, l'homme devait instinctivement définir « corps plus chaud » celui qui était capable d'échauffer le « corps plus froid », de lui fournir de la chaleur. Carnot, en découvrant que le calorique passe toujours du corps plus chaud au corps plus froid, n'a fait que retrouver la définition primitive et instinctive de la température des corps. Voilà donc deux formes d'énergie, l'énergie hydraulique et l'énergie thermique, dans lesquelles on peut trouver des qualités mesurables, le niveau et la température, tellement liées au sens de l'écoulement que la constatation de cet écoulement suffit à définir la différence de niveau ou de température.

Pour l'énergie hydraulique, ce n'est même qu'un cas particulier de la loi générale de la chute des corps. Abandonné à lui-même, un corps tombe toujours du niveau supérieur au niveau inférieur. Mais la chute hydraulique nous fournit le mot « écoulement » qui fait image ; on dit « écoulement de chaleur ou de calorique », comme on dit « écoulement d'eau ». On dit encore « écoulement d'électricité » ou « courant électrique » ; on a même défini, pour l'électricité, une qualité mesurable que l'on appelle le « potentiel ». L'écoulement d'électricité ou courant électrique va toujours du potentiel le plus élevé au potentiel le plus bas, comme l'eau s'écoule du niveau supérieur vers le niveau inférieur, et la chaleur, du corps le plus chaud au corps le plus froid. Si l'on sait mesurer directement les potentiels de deux corps électrisés, on peut prévoir d'avance dans quel sens se fera, de l'un à l'autre, l'écoulement électrique. Si l'on n'a pas mesuré d'avance les potentiels des deux corps, le sens du courant indiquera au contraire la différence des potentiels.

La conclusion est que, pour les énergies dont nous venons de parler, des mesures faites à l'avance permettent de prévoir dans quel sens se fera l'écoulement naturel qui rétablira le repos. En d'autres cas, on ne peut pas employer la même expression d'écoulement, et cependant on sait prévoir dans quel sens se fera, d'un corps à un autre, le transport naturel de l'énergie. Je suppose que, sur une même ligne droite, se meuvent, dans le même sens, deux mobiles de vitesse différente ; le mobile doué de la vitesse la plus grande, lorsqu'il atteindra le mobile le plus lent, lui communiquera de sa vitesse, tandis que le contraire ne saurait avoir lieu. Il y aura eu transport de mouvement, du corps le plus rapide au corps le plus lent [1].

Tenons-nous-en aux formes d'énergie pour lesquelles on peut parler d'écoulement ; elles nous

---

(1) De là une autre manière d'exprimer le principe de Carnot pour la chaleur : les températures se comportent comme des vitesses. (V. *Les Lois naturelles; op. cit.*)

permettent un langage qui, frappant l'imagination, paraît plus clair.

Les écoulements d'énergie ne sont jamais des phénomènes simples. Un courant électrique échauffe le conducteur qu'il traverse et produit ainsi un travail thermique ; l'écoulement de chaleur d'un corps chaud à un corps froid dilate le corps froid et produit un travail mécanique ; une chute d'eau ronge les berges du torrent, actionne un moulin, échauffe l'eau elle-même, etc. Voilà des transformations naturelles, inévitables ; il y en a d'autres qui sont voulues et produites par l'homme ; si nous tirons parti des diverses formes d'énergie qui se présentent dans la nature, c'est à cause des transformations que nous savons leur faire subir. Une chute d'eau sert à faire tourner une turbine: la turbine actionne une dynamo, qui fournit un courant électrique, dont on se sert pour produire de la lumière, de la chaleur, du mouvement, des réactions chimiques. La chaleur d'une combustion, s'écoulant vers le condenseur d'une machine à vapeur, alimente les industries mécaniques, etc.

Donc, après avoir parlé des écoulements d'énergie qui subissent le moins possible de transformations, il faut maintenant s'arrêter au cas, bien plus intéressant pour nous, où, sur le trajet d'un écoulement, un transformateur a été placé par l'homme, pour son usage. La principale œuvre du XIX⁹ siècle fut, en effet, de fabriquer, d'utiliser et de mesurer des provisions d'énergie de forme thermique, électrique, mécanique, etc., et d'établir l'équivalence entre telle provision thermique et telle provision mécanique, entre telle provision électrique et telle provision chimique, etc. En brûlant des kilogrammes de charbon, on obtient des chevaux-vapeur; une chute d'eau charge des accumulateurs qui actionneront des automobiles ou des ballons.

Le mémoire de Carnot sur les machines à feu, — c'est-à-dire sur les transformateurs d'énergie calorifique en énergie mécanique — nous a appris que ces transformateurs ne fonctionnent qu'au prix d'une chute de température. Nous pouvons traduire cette remarque dans notre langage imagé en disant : « Un transformateur thermo-mécanique ne fonctionne que sur le trajet d'un écoulement de chaleur, et cet écoulement de chaleur se produit toujours de la source chaude à la source froide ». Ainsi formulé, le principe se généralise. Un transformateur d'énergie hydraulique ne travaille que sur le parcours d'une chute d'eau allant d'un niveau supérieur à un niveau inférieur. Un transformateur d'énergie électrique ne travaille que grâce à un courant électrique allant d'un potentiel plus élevé à un potentiel plus bas, etc.

A chacune de ces affirmations, on peut faire des objections immédiates, mais dont la solidité n'est qu'apparente. Prenons un exemple simple dans le domaine de l'hydraulique. Si l'on fore un puits artésien, l'eau jaillit de bas en haut et peut, en jaillissant, faire tourner un moulin. Voilà un transformateur hydro-mécanique, qui travaille sur le trajet d'un cours d'eau entre un niveau inférieur et un niveau supérieur. Notre principe général paraît en défaut [1]; mais nous savons aujourd'hui que l'eau jaillit de bas en haut dans le puits artésien, parce qu'elle est d'abord descendue de haut en bas, aux bords lointains de la nappe souterraine. Le phénomène initial a été une descente d'eau; le jaillissement n'est qu'une conséquence. N'importe quel artificiel jet d'eau reproduit, en petit, les puits artésiens : on y voit d'abord un écoulement d'eau du réservoir supérieur dans le tuyau descendant, jusqu'à l'endroit où ce tuyau, coudé brusquement et se tournant vers le ciel, réalise un transformateur de chute d'eau en ascension d'eau. De même on peut réaliser un jet d'eau ascensionnel au moyen d'une pompe quelconque, mue par un moteur quelconque, d'un transformateur, en un mot, qui lui-même a été mis en activité par un écoulement d'énergie descendante suivant le principe général. Chaque fois qu'un fait nous paraîtra

---

(1) Encore n'est-ce qu'une apparence. Il s'agit là d'un courant d'eau, et l'on n'est pas forcé de l'envisager au point de vue niveau. On peut dire que le moulin placé ainsi fonctionne sur un jet d'eau à vitesse décroissante, ce qui entre dans le cadre général du principe d'évolution.

en contradiction avec ce principe, nous trouverons toujours, en remontant à la source des choses, un *primum movens* qui fonctionne sur un courant d'énergie descendante.

§ 27. — IL FAUT DÉPENSER D'ABORD

La mesure des provisions d'énergie, telle que nous savons la faire aujourd'hui dans les diverses branches des sciences physiques, nous amène à employer les mots *dépense* et *profit*, comme on les emploie pour les provisions familières. Tout écoulement d'énergie d'un niveau supérieur vers un niveau inférieur, représentant une diminution de la provision disponible, sera pour nous une *dépense*. Et nous arrivons à cette formule pittoresque pour notre principe général : « Tout phénomène, dans lequel il se produit un travail, commence par une dépense d'énergie. Il faut payer d'avance. La nature ne fait pas crédit. » Dans la machine à vapeur, on commence par dépenser du charbon et de l'oxygène (énergie chimique) pour produire de l'énergie thermique, qui se dépense en fournissant de l'énergie mécanique, laquelle, à son tour, pourra être dépensée, en fournissant de l'énergie électrique si l'on veut, et ainsi de suite.

CHAPITRE VI

Phénomènes qui commencent et Phénomènes qui continuent.

§ 28. — LES AMORÇAGES

Tout phénomène commence par une dépense d'énergie. Mais, qu'est-ce qu'un phénomène qui commence? Nous ne croyons plus aujourd'hui au repos absolu; nous ne saurions donc admettre, au sens rigoureux, la production de commencements véritables. Ce à quoi nous assistons, tant dans la nature vivante que dans la nature brute, ce ne sont jamais des phénomènes qui commencent; ce sont des phénomènes qui continuent. Les transformations actuelles s'expliquent par des transformations antérieures dont elles sont la continuation, le prolongement, en même temps qu'elles préparent les transformations à venir.

Cependant, si l'on envisage une seule forme d'énergie, on peut parler de repos. De l'eau, dans une bouteille immobile, est au repos hydraulique;

cela ne l'empêche pas d'être le siège de mouvements plus petits, qui ne sont pas visibles pour nous, qui sont pourtant sensibles sous forme thermique et appréciables au thermomètre. Une locomotive est au repos mécanique quand elle ne fonctionne pas; mais ses pièces s'oxydent lentement (phénomène chimique) et les molécules de son acier sont en état de mouvement incessant vers une structure cristalline qui déterminera quelque jour la rupture des essieux. Réciproquement une provision de charbon de terre est au repos chimique, même lorsqu'elle est sur un tender qui fait soixante kilomètres à l'heure ; c'est donc un phénomène chimique qui commence quand le mécanicien l'introduit dans le foyer.

Ainsi, nous savons parfois ce que c'est qu'un phénomène qui commence, et c'est dans ces cas que notre principe nous conduit à dire : tout phénomène débute par un écoulement d'énergie descendante. Il faut dépenser d'abord ! Un caillou, séparé d'un précipice de six cents mètres de profondeur par un rebord d'un millimètre de hauteur, ne sautera pas de lui-même par-dessus le rebord, malgré le peu d'effort nécessaire et la grande quantité d'énergie de chute qui en résulterait; la nature ne fait pas crédit; il faut d'abord payer le travail qui élèvera notre caillou au-dessus du rebord. Cette petite dépense produira cependant ensuite un résultat six cent mille fois plus considérable.

Lorsqu'on sait, pour un prix modique, déterminer l'écoulement d'une provision considérable d'énergie retenue derrière une écluse naturelle, on dit qu'on a amorcé un phénomène. C'est ce que l'on fait en tournant un robinet d'eau ou de vapeur, en agissant sur la manette d'un commutateur électrique, en craquant une allumette près d'une meule de paille, en pressant la détente d'une arbalète, etc.

L'homme a tiré de tout temps un immense profit de ces amorçages. C'est grâce à eux que nous pouvons emmagasiner des provisions énormes d'énergie derrière une barrière insignifiante, et les utiliser à notre gré. La milliardième partie de l'énergie que rend disponible l'ouverture de la barrière, aurait suffi à réaliser cette ouverture, et cependant la barrière ne s'ouvre pas seule ; il faut payer d'abord. Une étincelle, qui suffit à provoquer un incendie, produit des trillions d'étincelles ; néanmoins nous conservons des provisions immenses d'explosifs ou de combustibles, sûrs qu'ils ne s'enflammeront pas si on ne leur fournit pas d'abord la petite quantité d'énergie descendante qui doit amorcer le phénomène. Les provisions d'énergie les plus commodes pour nous sont justement celles que nous savons endiguer derrière un obstacle minime, qui ne saurait être franchi sans un apport extérieur de travail. D'une manière générale, nous ne connaissons de provisions d'énergie au repos, d'énergie ne s'écoulant pas, que derrière un obstacle qui s'oppose à l'écoulement. L'obstacle peut être petit ou grand; mais, dans tous les cas, la loi est la même : il faut, pour entraîner la rupture de l'état de repos, un écoulement d'énergie descendante, une dépense.

§ 29. — LE RENDEMENT

Le principe de Carnot s'applique également aux phénomènes qui continuent, comme sont, en réalité, tous les phénomènes que nous connaissons. Dans une série de phénomènes s'enchevêtrant les uns dans les autres, jamais ne se produit l'augmentation d'une provision d'énergie, sans qu'ait été faite au préalable une dépense *au moins* aussi considérable sous une forme ou sous une autre.

Je dis une dépense *au moins* aussi considérable. Cependant, l'énergie, non plus que la matière, ne se perd. On retrouve toujours, dans les diverses formes en lesquelles elle s'est transmuée, l'équivalent de *toute* l'énergie mesurée primitivement. Mais il y a des chances pour que toute la dépense ne se retrouve pas dans le gain réalisé; il y a des fuites, des pertes, tenant à ce que le transformateur ne fournit pas uniquement le résultat qu'on lui demande. D'où la question si importante du *rendement*. Puisque nous fabriquons les transformateurs d'énergie pour notre usage, nous devons nous préoccuper de tirer le plus de parti possible, le rendement maximum d'une provision d'énergie.

Voici un torrent qui descend de la cote 500 à la cote 60. J'établis un moulin à auges à la cote 250 ; sa roue de 4 mètres de diamètre transporte l'eau de la cote 250 à la cote 246. Je dois d'abord me préoccuper de faire que toute l'eau disponible à 250 mètres passe par les auges; l'eau qui tombe à côté est inutile pour le meunier, et peut même produire un travail nuisible en dégradant les berges. C'est seulement l'eau transportée de 250 à 246 mètres par les auges, qui aura été utilisée pour moudre le blé. Ainsi, sur une provision d'énergie représentée par une chute d'eau de 500 mètres à 60, par une différence de niveau de 440 mètres, mon moulin aura seulement utilisé et transformé une chute de 4 mètres, et de cette chute la seule quantité d'eau, qui aura été transportée par ses auges. Tout le reste n'aura pas été utilisé par le meunier.

Pour les machines à feu, Carnot a étudié aussi le rendement, et c'est même à cette question qu'est consacrée la plus grande partie de son mémoire. Dans une machine à feu, un écoulement de calorique se fait entre la température de 120° et celle de 40° par exemple. Si cette machine doit nous procurer un travail mécanique, nous considérerons comme perdu tout écoulement calorique qui n'aura pas produit le travail cherché. Or dans cette machine, ce sont les changements de volume de la vapeur qui produisent le travail mécanique ; d'où cette règle de Carnot : « La condition nécessaire du maximum [de rendement] est donc qu'il ne se fasse dans les corps employés à réaliser la puissance motrice de la chaleur, aucun changement de température qui ne soit dû à un changement de volume. »

Un exemple très simple illustrera cette règle. Dans le fond d'un canon de fusil, j'enferme, sous une balle formant piston, une petite quantité d'eau. La température extérieure étant 15°, je chauffe, au moyen d'une source à 120° le fond du canon de fusil, en maintenant la balle en place. Si je ne lâche pas la balle, mon transformateur n'en est plus un ; le calorique fourni à l'eau s'écoulera petit à petit, vers l'extérieur, par conductibilité. Le canon de fusil se refroidira ; il y aura écoulement de calorique de 120° à 15° sans production de travail mécanique. La possibilité, pour mon appareil, d'être employé comme transformateur, résulte de la pression développée sous la balle. La balle restant fixée, la pression s'évanouit petit à petit, à mesure que le canon se refroidit par conductibilité. Si au contraire je lâche la balle, la vapeur se détend en changeant de volume et passe de 120° à 15° en lançant le projectile. Évidemment, moins il s'écoulera de calorique par conductibilité, plus sera grande la valeur balistique de l'appareil. Il y aura tous les cas intermédiaires entre la force balistique nulle, qui résulte d'un refroidissement de l'appareil par simple conductibilité, et la force balistique *maxima* que l'on obtient en évitant soigneusement tout refroidissement sans changement de volume. Autrement dit, le rendement du transformateur dépend des précautions dont on entoure son fonctionnement.

§ 30. — LES MAGASINS D'ÉNERGIE.

Nous ne sommes pas également outillés pour emmagasiner les provisions des diverses formes d'énergie. Les constructeurs savent réaliser des réservoirs étanches d'où ne sortent ni les liquides ni les gaz même fortement comprimés. Il n'en est plus de même pour l'énergie thermique ; la chaleur se répand par conductibilité ou rayonnement et devient inutilisable : si je ne décharge pas mon fusil à vapeur, il se déchargera tout seul en se refroidissant. Nous ne savons pas empêcher la chaleur de diffuser vers les corps ambiants ; nous ne savons pas conserver, pour l'utiliser en temps opportun, une provision de chaleur; malgré toutes nos précautions, elle se dissipe plus ou moins vite, sans qu'il soit besoin pour cela d'aucun amorçage. Au point de vue de l'emmagasinage, la chaleur est donc pour nous une forme inférieure d'énergie.

Elle n'est pas la seule qui présente cet inconvénient ; dans un ressort d'arbalète tendu très longtemps, une partie de l'énergie balistique se perd ; le ressort, à moins qu'il ne soit d'excellente qualité, prend le pli, et ne se détend plus aussi vigoureusement ; une partie de sa puissance a été employée à modifier l'état intime de l'acier, sa structure moléculaire.

Dans tous les transformateurs d'énergie connus de l'homme, il y a toujours des pertes plus ou moins sensibles et dues à des phénomènes de transformation, autres que ceux que nous cherchons à produire.

Le meunier perd toute l'énergie de sa chute, excepté celle qui résulte du transport de l'eau par les auges de sa roue. Même dans l'énergie utilisée, il y a encore une partie perdue. Il est impossible, en effet, que les essieux des roues ne s'échauffent pas par frottement. Cet échauffement, inutile au meunier et souvent nuisible, dépense une partie de l'énergie recueillie par les auges. Que notre moulin actionne une pompe élévatoire en utilisant une chute de 4 mètres, il lui sera impossible d'élever de 4 mètres une quantité d'eau égale à celle qu'il a reçue ; il en élèvera toujours un peu moins, à cause du travail perdu dans les frottements.

Ce travail, perdu pour le meunier, ne sera pas perdu en réalité ; il sera transformé en une quantité équivalente de chaleur, laquelle, produisant, par exemple, une évaporation plus grande, préparera une pluie qui pourra être une source nouvelle d'énergie mécanique. Mais ce ne sera pas forcément le meunier qui en profitera.

CHAPITRE VII

La place de la chaleur dans les phénomènes naturels.

§ 31. — ÉCOULEMENTS SANS TRANSFORMATION.

Aucun transformateur n'a un rendement parfait ; en particulier, il y a toujours déperdition sous forme de chaleur, même si l'énergie motrice était de la chaleur. Une pierre qui tombe s'échauffe et échauffe le corps sur lequel elle tombe ; un courant électrique ne peut traverser un conducteur sans élever sa température ; une réaction chimique ne se produit jamais sans dégagement de chaleur. Nous ne savons pas produire du travail sans produire de la chaleur et, réciproquement, nous ne pouvons jamais transformer complètement toute la chaleur en travail. Dans une machine à vapeur, une partie de la chaleur se perd toujours par conductibilité ou rayonnement. Dans tout phénomène, quel qu'il soit, il y a donc toujours une certaine quantité d'énergie, qui, irréductiblement, se transforme en chaleur. Or, la chaleur qui ne se transforme pas ne peut subir naturellement qu'une chute de température. On conçoit donc, en gros, que le monde se refroidit ; il se refroidirait bien plus vite si aucune transformation ne produisait à nouveau de la chaleur. Mais toute transformation échauffe fortement le transformateur. Qu'est-ce donc que cette chaleur qui a une place si privilégiée au milieu des autres formes de l'énergie ?

Le grand mérite de Carnot a été de comprendre le danger du langage courant qui parle de la chaleur comme de l'eau ou d'une substance quelconque, séparable du récipient qui le contient. Il n'y a pas de la chaleur ; il y a des corps plus ou moins chauds, et les variations des quantités de chaleur dans les corps sont tellement liées à l'état intime de ces corps qu'elles les contractent ou les dilatent dans toutes leurs parties, produisant ainsi, fatalement, un travail mécanique que l'on peut quelquefois utiliser.

Il y a de la chaleur dans tous les corps, du moment qu'il est possible de trouver des corps plus froids qu'eux ; la neige est chaude par rapport à l'acide carbonique liquide ; et cependant — et c'est là une des formes pittoresques que l'on a données au principe de Carnot — avec une quantité, même énorme, de boules de neige, on ne peut pas chauffer un four. Encore faut-il bien spécifier que cela est impossible pourvu que l'on envisage seulement des phénomènes thermiques.

Un transformateur, un moteur à acide carbonique peut fonctionner en effet entre 0° et —30°, en prenant sa chaleur à des boules de neige qui joueront, dans ce cas, le rôle de source chaude ; et ce moteur peut actionner une dynamo qui fera rougir ou même fondre un fil de platine. De même, si l'eau ne remonte pas naturellement les pentes, un moulin établi à Chamounix peut néanmoins actionner une dynamo qui, par un fil conducteur, fera marcher une pompe à l'observatoire du mont Blanc.

Le principe de Carnot indique seulement le sens des écoulements d'énergie sans transformation. Du moment qu'il y des transformateurs, on ne sait plus rien. Or, indépendamment des transformateurs industriels que le génie de l'homme a créés, — et c'est là l'œuvre principale du pratique XIXe siècle — la nature est pleine de transformateurs : il n'y a pas d'écoulement d'énergie sans transformation partielle ; et, dans toute transformation, il se produit de la chaleur destinée à se refroidir naturellement ; il y a des pertes qui font, comme nous le verrons tout à l'heure, que le monde, dans son évolution incessante, ne saurait revenir en arrière.

§ 32. — LA RÉVERSIBILITÉ.

On a l'habitude de comparer à des mouvements toutes les activités physiques. Parmi ces mouvements, il y en a que nous voyons avec nos yeux ;

ce sont les mouvements proprement dits ou mécaniques. D'autres, d'une amplitude moindre, n'impressionnent directement que nos oreilles ; on les appelle des *sons*. D'autres, plus petits encore, se traduisent à notre système sensoriel par des impressions de chaleur, etc. Dans les phénomènes chimiques, il n'y a plus que des mouvements intramoléculaires qu'aucun instrument ne nous permet encore de déceler. A tous ces mouvements de dimension différente, s'associent toujours des phénomènes thermiques. Une partie de l'énergie dépensée se transforme toujours en énergie calorifique. Il faut que les mouvements thermiques occupent une position moyenne dans l'échelle des mouvements connus de l'homme ; il était utile de le remarquer avant d'étudier le sens de l'évolution du monde.

Si l'on a pu donner au principe de Carnot le nom de principe d'évolution, c'est que, pour chaque forme d'énergie considérée seule, il indique le sens dans lequel un phénomène doit se produire, dans lequel un système doit évoluer fatalement. Tel état d'un ensemble complet de corps peut conduire à tel autre état du même ensemble, et non en dériver. Un phénomène, qui est la conséquence d'un autre phénomène, n'en saurait être la cause. Et cependant, dans un ensemble complet de corps, c'est-à-dire dans un ensemble qui n'emprunte rien ou ne cède rien à l'extérieur, si un phénomène quelconque se passe, on peut être assuré qu'il n'y a eu ni perte de matière ni perte d'énergie ; les quantités de matière et d'énergie finales sont équivalentes aux quantités de matière et d'énergie initiales ; mais l'état final diffère de l'état initial en ce qu'il en a été la conséquence et n'en saurait être le point de départ. Le monde va dans un certain sens et ne revient pas en arrière ; il n'y a pas d'évolution rétrograde.

Le cinématographe nous met sous les yeux l'illusion de retours en arrière. Je prends les vues successives d'un acte familier ; je cinématographie un homme qui, debout sur le bord d'une pièce d'eau, y plonge la tête la première. Puis, au lieu de dérouler la série des vues photographiques dans l'ordre où je les ai prises, je retourne ma bobine et renverse l'ordre des clichés. Le spectateur verra alors une eau calme de laquelle sortira brusquement, par les pieds, un personnage invraisemblable qui décrira une parabole gracieuse et viendra retomber debout sur la berge.

Les cinématographes Lumière nous offrent ces scènes à rebours ; des cavaliers gisant à terre remontent sur leur cheval, en décrivant dans l'air la courbe inverse de la chute. Ce spectacle déchaîne le fou rire des grandes personnes et terrorise les enfants. Il n'y a pas en effet de miracle plus impressionnant que le monde retournant en arrière, le temps remontant son cours normal.

Évidemment, il n'est pas impossible à un homme qui a plongé de remonter sur la berge, à un cavalier désarçonné de se remettre en selle ; mais les mouvements par lesquels s'accomplit la remontée sont différents de ceux qui avaient accompagné la chute ; il n'y a pas évolution rétrograde. De même, une chute d'eau peut, en actionnant une pompe, faire remonter de l'eau d'un niveau inférieur à un niveau supérieur ; mais elle ne produit pas une chute à rebours ; la vue d'une telle chute à rebours, figurée par un cinématographe, nous paraîtrait merveilleuse et absurde. Il existe cependant un cas où un même phénomène semble se répéter exactement en sens inverse ; c'est le cas du mouvement oscillatoire.

Suspendu à un fil fixé au plafond, puis écarté de sa position d'équilibre et abandonné à lui-même, un poids commence par descendre, ce qui vérifie notre principe général d'évolution ; arrivé au point le plus bas de sa course, il a acquis une certaine vitesse qui, grâce à l'énergie précédemment dépensée, lui permet de remonter en face presque aussi haut que le point d'où il était parti. Arrivé là, il refait le même chemin en sens inverse, en commençant encore par descendre, et ainsi de suite. Sauf qu'il ne remonte pas tout à fait aussi haut que le point d'où il était parti (sans quoi son mouvement durerait éternellement ; il y a toujours une déperdition d'énergie), le poids semble repasser en sens inverse exactement par tous les états où il s'est trouvé durant son premier voyage. Si l'on cinématographie la première moitié de l'oscillation, le cinématographe à rebours nous fera voir l'image de la seconde moitié. Mais ce ne sera là qu'une illusion.

En chaque point de la course au retour, les vitesses sont de sens inverse à celles de la course à l'aller. Seulement, nous ne voyons pas les vitesses; nous ne voyons que les mouvements; et ce qu'il y a précisément d'absurde dans le cinématographe à rebours, c'est qu'il nous fait voir des points matériels qui se meuvent en sens inverse de la vitesse dont ils étaient animés dans la réalité. Ainsi quand nous croyons avoir reproduit un retour en arrière, nous avons négligé un facteur essentiel, la vitesse des mobiles considérés.

Si notre œil n'est pas sensible aux vitesses, notre oreille l'est. Un cinématographe à rebours nous fait reconnaître, dans son apparence renversée, le phénomène projeté sur l'écran; nous reconnaissons la plongée du nageur ou la chute du cavalier. Au contraire, en tournant à rebours la roue d'un orgue de Barbarie, nous ne reconnaissons pas l'air familier du *Trouvère*; la suite de sons que nous entendons est tout autre chose; ce n'est pas l'air du *Trouvère* renversé. C'est que, dans un air de musique, notre oreille enregistre, non pas seulement les notes successives, mais le passage de chacune d'elles à la suivante, ce qui correspond à la vitesse d'un mouvement observé par l'œil; dans l'air que joue l'orgue à rebours, il y a bien la suite des notes en sens inverse, mais avec des passages de chaque note à la suivante, qui ne sont plus les mêmes. Aussi nous n'y reconnaissons rien.

Nous ne saurions reproduire effectivement un phénomène « inverse » d'un autre. Notre principe d'évolution ne souffre pas d'exception: le monde ne revient pas en arrière: le temps s'écoule toujours dans le même sens, ce qui serait la définition même du Temps, si on pouvait définir le Temps. Même dans le cas où le mouvement inverse semble le plus parfaitement réalisé, comme dans le cas d'un pendule qui, à bout de course, revient sur lui-même, il n'y a jamais répétition intégrale des états successifs du mouvement primitif. Il y a toujours des causes qui précèdent les effets et ne sauraient leur succéder. Nous connaissons des transformamateurs dont les résultats sont inverses. Une machine à vapeur transforme de la chaleur en mouvement; telle autre machine transforme du mouvement en chaleur; mais ces machines sont différentes. Si elles étaient identiques, elles fonctionneraient identiquement. Je suppose que nous les saisissons toutes deux à un moment où elles fonctionnent entre une même provision de chaleur et une même provision de mouvement : elles ne sont pas identiques au moment considéré, puisque, la première augmentant la provision de mouvement aux dépens de la provision de chaleur, la seconde fait le contraire ; dans un transformateur quelconque, c'est toujours le courant d'énergie descendante qui est la cause, le moteur ; toute augmentation d'une provision d'énergie est un résultat.

§ 33. — LA TENDANCE A LA MÉDIOCRITÉ.

L'homme occupant une place définie dans l'échelle des phénomènes, tous les phénomènes ont des dimensions par rapport à lui ; il connaît de différentes manières, les différentes parties de l'activité totale ; c'est pour cela qu'il doit parler de différentes espèces d'énergie. Mais on peut donner une certaine unité au langage en comparant à un même phénomène toutes les manifestations de l'activité universelle. C'est ce que l'on a fait déjà en représentant par des mouvements les phénomènes thermiques, chimiques, etc. Les considérations précédentes nous ayant montré l'importance des différences de niveau, de température, de potentiel, dans les écoulements d'eau, de chaleur, d'électricité, nous pouvons trouver avantage à comparer directement à quelque chose d'unique toutes les différences mesurables dans chaque espèce d'énergie. La tension d'un ressort nous fournira un bon modèle, et qui fera image.

Une petite quantité d'énergie calorifique, ayant

devant elle la possibilité d'une grande chute de température, se représentera par un petit nombre de ressorts fortement tendus, tandis qu'une grande quantité de la même énergie, dans un système où une petite chute de température est seule possible, se représentera par un grand nombre de ressorts faiblement tendus. Cette comparaison empêchera de considérer comme équivalentes des quantités d'énergie calorifiques qui, mesurées en unités de chaleur, sembleraient égales.

Ainsi, quand une petite quantité de chaleur chaude se répartit par conductibilité dans un corps volumineux et s'y refroidit, la même quantité de chaleur sera représentée d'abord par un petit nombre de ressorts fortement tendus, puis par un plus grand nombre de ressorts tendus plus faiblement. A un point de vue au moins, il n'y aura pas équivalence. L'intérêt de cette comparaison avec des ressorts est de nous empêcher d'oublier le principe général d'évolution ; nous savons bien, en effet, qu'un ressort se détend toujours et ne se tend pas de lui-même ; c'est là une figuration expressive du sens fatal de l'écoulement des énergies.

Donc, dans tout système contenant des provisions d'énergie mécanique, thermique, électrique, etc., nous verrons un certain nombre de ressorts tendus ; l'un d'eux, que nous appellerons ressort hydraulique, représentera une chute possible d'eau, une différence de niveau entre une provision d'eau et un endroit où elle pourra tomber ; le ressort thermique indiquera une chute possible de température entre une source chaude et une source froide vers laquelle peut s'écouler le calorique, etc. Notre principe général d'évolution nous apprend que, dans un système ainsi représenté, un phénomène ne peut commencer que par la détente d'un ressort.

Mais un autre principe, également général, celui de la conservation de l'énergie, nous apprend que, si un ressort quelconque se détend quelque part, il doit se tendre, là ou ailleurs, un ou plusieurs ressorts dont les tensions acquises équivalent, à un certain point de vue, à la tension perdue par le premier. Ces tensions acquises sont le résultat de transformateurs tant naturels qu'artificiels dont le monde est plein : l'énergie qui s'écoule, ne peut pas ne pas tendre des ressorts.

Si cette énergie transformée est, à un certain point de vue, équivalente à la première, elle en diffère aussi par certains côtés. Je verse un litre d'eau à 60° dans un litre d'eau à 30° ; tant qu'il n'y a pas eu déperdition de calorique par conductibilité, cela me fait deux litres d'eau à 45°. Le ressort thermique du premier litre s'est détendu de quelque chose qui correspond à 15° ; celui du second litre s'est, en revanche, tendu du même quelque chose ; il y a, à ce point de vue, équivalence. Sommes-nous sûrs pourtant que deux litres à 45° nous permettent d'exécuter les mêmes choses qu'un litre à 30° et un à 60°? Évidemment non. Un corps à 46° par exemple aurait pu recevoir de la chaleur du litre à 60°; il n'en saurait tirer des deux litres à 45°, du moins directement. Là où il y a équivalence au point de vue de la conservation de l'énergie, il n'y a pas identité dans la manière dont cette énergie peut s'écouler ou se transformer. C'est ce qu'on exprime en disant que la totalité de l'énergie s'est conservée, mais que la quantité d'énergie utilisable a pu se modifier.

Pour savoir ce que peut fournir comme travail un ensemble de ressorts, il faut connaître, non seulement la quantité totale de tension des ressorts, mais le degré de tension de chacun d'eux.

Le principe de Carnot s'oppose à ce que, « dans une forme donnée d'énergie », un ressort plus tendu reçoive, de ressorts moins tendus, une augmentation de tension. Mais il ne s'y oppose pas du moment que des transformateurs entrent en jeu. Avec une chute d'eau à Chamounix, on peut élever des fardeaux sur le mont Blanc. Seulement, là où il y transformateur, il y a toujours déperdition. Une quantité de chaleur qui s'est refroidie en se répandant dans un corps, ne pourra jamais, par ses propres moyens, actionner des transformateurs capables de nous restituer toute la quantité de chaleur primitive à la température primitive; il y aura toujours des pertes ; il y aura toujours une partie de l'énergie première qui, toutes choses égales d'ailleurs, se retrouvera finalement sous forme de ressorts moins tendus. Toutes les transformations s'accompagnant d'une déperdition de tension, il est impossible que notre monde se retrouve jamais identique à ce qu'il a été précédemment — pourvu qu'il ne reçoive rien de l'extérieur ! Mais qu'est-ce qui est extérieur à notre monde ? Toutes les spéculations philosophiques qu'on voudrait tirer du principe de Carnot au sujet de l'avenir du monde sont des rêves sans consistance.

Dans chaque forme d'énergie, l'écoulement sans transformation a pour résultat l'établissement d'un équilibre à un niveau moyen, intermédiaire aux deux niveaux primitifs. Si les diverses formes d'énergie étaient vraiment distinctes, vraiment séparées les unes des autres, une médiocrité désolante serait la conséquence fatale de tous ces établissements de moyennes ; il finirait par ne plus se manifester dans le monde, ni une différence de température, ni une différence de potentiel électrique, ni une différence d'altitude. Il n'y aurait plus aucune tension.

Heureusement, les divers compartiments dans lesquels l'homme a artificiellement catalogué les diverses formes d'énergie sont tellement liés les uns aux autres, que tout ressort, en se détendant dans un compartiment, augmente fatalement la tension dans les compartiments voisins. Les écoulements sans transformation uniformisent ; mais les transformations créent à nouveau la diversité. Il y a les pertes dans le rendement ; il y a les productions de chaleur, de cette forme d'énergie moyenne qui résulte toujours d'une partie au moins des énergies transformées. Ainsi, non seulement, dans chaque forme d'énergie, les écoulements produisent des uniformisations de niveau, de potentiel, de température ; mais encore, à chaque transformation, il y a une partie de la provision qui passe à la forme moyenne d'énergie, la forme chaleur[1]. Les physiciens appellent la chaleur de l'énergie dégradée ; je ne sais jusqu'à quel point cette appellation est justifiée. Quoi qu'il en soit, à mesure que la chaleur se refroidit, elle devient plus difficilement utilisable comme productrice de travail, puisqu'il faut toujours trouver une source froide, plus froide que la source chaude.

Il y a encore autre chose, que nous constatons sans nous l'expliquer. Une moyenne s'établit entre deux réservoirs d'une même espèce d'énergie, par écoulement de l'énergie la plus haute vers l'énergie la plus basse, « pourvu qu'il n'y ait pas d'obstacle

---

(1) Voyez, plus bas, chap. X, § 44, la comparaison entre les températures et les amplitudes, et l'explication du fait qu'il y a une moyenne de chaleur et non une résonance imitant un rhythme.

entre les deux réservoirs » ; l'amorçage est nécessaire dans tous les cas où il se présente un obstacle initial. Pour un très grand nombre de phénomènes, sinon pour tous, les obstacles qui s'opposent aux écoulements naturels d'énergie augmentent à mesure que la température baisse. Cela est manifeste, par exemple, pour les réactions chimiques. Nous voyons côte à côte, près de nous, des corps différents, entre lesquels, à une température élevée, s'établirait un équilibre, mais qui, à la température actuelle du globe, semblent s'ignorer. Le charbon combustible repose en paix dans l'air comburant, jusqu'à ce qu'une élévation de température produise l'amorçage d'un incendie. Dans la lune, astre mort et froid, coexistent peut-être des corps astre mort et froid, coexistent peut-être des corps qui, grâce à un amorçage convenable, produiraient des réactions terribles. La radioactivité n'est pas la seule source d'étonnement que nous réserve l'avenir. Nous découvrons sans cesse de nouvelles sources d'énergie ; que de ressorts cachés qui ne demandent qu'à se détendre et qui n'en ont peut-être pas eu l'occasion ! Le radium aurait failli renverser tous les principes, si les principes, formulés par l'homme d'après l'étude de ce qu'il connaît, avaient la prétention de réglementer ce qu'il découvrira plus tard.

CHAPITRE VIII

Premier coup d'œil sur la vie.

§ 34. — NOUVELLE HYPOTHÈSE SUR LA VIEILLESSE.

De toutes les activités naturelles, aucune ne nous intéresse plus vivement que les phénomènes vitaux; les principes que nous venons d'étudier en physique nous frapperont d'autant plus qu'ils trouveront une application en biologie; je crois qu'ils expliquent la vieillesse.

Chez les animaux et les végétaux supérieurs, une cause évidente de vieillissement est l'encroûtement progressif des tissus vivants, leur envahissement par des accumulation de substances inertes[1]. Mais ce phénomène ne se produit pas chez les espèces inférieures qui se composent d'une seule cellule et se multiplient par bipartitions successives. Et cependant, même dans ces espèces, la nécessité du rajeunissement sexuel au bout d'un

---

(1) V. *Théorie nouvelle de la Vie*, Paris, F. Alcan.

certain nombre de générations, indique bien qu'il s'y produit un phénomène de vieillissement. Ce phénomène se retrouve, superposé à l'encroûtement, dans les tissus des êtres supérieurs; il sera plus facile à expliquer dans le langage imagé des ressorts tendus; de fait, il y a, dans les mécanismes vitaux, des particularités qui ne se peuvent comparer qu'à des tensions de ressorts.

J'ai déjà indiqué dans un volume de cette collection[1] la structure colloïde des protoplasmas en train de vivre. Dans les corps colloïdes, les particules se trouvent, les unes par rapport aux autres, dans un état d'équilibre qui résulte de deux tendances antagonistes, l'attraction due aux forces de cohésion, et les répulsions électriques. C'est bien là la plus parfaite image du ressort qu'un obstacle maintient tendu. Un colloïde quelconque, même non vivant, vieillit : il change sans cesse au point que, pour étudier les colloïdes préparés dans les laboratoires, il faut tenir compte de la date de leur préparation, de leur âge. Souvent, ce vieillissement modifie le milieu dans lequel s'est dissipée l'énergie du colloïde jeune. Tel un diapason qui vibre s'éteint petit à petit en communiquant son mouvement sonore à l'air ambiant; l'amplitude de ses vibrations diminue progressivement (c'est la tension du ressort), au cours de ces phénomènes de

---

(1) *La Lutte universelle; op. cit.*

résonance; mais son rythme se conserve et se transmet. De même, un corps chaud transmet sa chaleur à l'ambiance[1] en se refroidissant (diminution de la température; détente du ressort thermique).

§ 35. — RÉSONANCE ET ASSIMILATION.

Chaque diapason transmet sa note spéciale au milieu sonore; de même, chaque colloïde transmet à l'ambiance quelque chose de particulier qui le définit par rapport aux autres colloïdes. Mais nous ne connaissons que dans certains cas les résonnateurs spécifiques d'un colloïde donné : par exemple, la présure se reconnaît à ce que sa résonance fait cailler le lait. On appelle diastase tout colloïde pour lequel nous connaissons un résonnateur spécifique.

Un protoplasma vivant peut être considéré comme une superposition d'un certain nombre de colloïdes définis, ayant chacun sa résonance spéciale. Toutes ces résonances, se manifestant dans le milieu, sont ce qu'on appelle les activités spécifiques du protoplasma considéré. Chose admirable et mystérieuse, par laquelle, d'ailleurs, la vie se caractérise par rapport à la mort, le résultat de cette superposition d'activités colloïdales est l'augmentation de la quantité primitive de substance vivante avec ses propriétés premières : c'est ce qu'on appelle l'as-

---

[1] Mais là il n'y a plus imitation ; il y a établissement d'une moyenne. (V. plus bas, chap. X, § 44.)

similation ou vie élémentaire manifestée. Le corps vivant assimile les éléments du milieu, les rend semblables à lui-même, en fait de nouveaux résonnateurs qui, à leur tour, font résonner l'ambiance suivant leur rythme spécifique[1]. Il semble donc que la vie commencée doive se prolonger indéfiniment. Mais les ressorts se détendent !

De même que, dans une machine thermique, il y a détente du ressort chaleur, de même, dans une machine vivante, il y a détente du ressort vital. Cette détente se manifeste quelquefois par un ralentissement progressif dans la multiplication des cellules : chez les animaux supérieurs, les divisions cellulaires sont beaucoup plus fréquentes dans l'embryon jeune que dans l'être grandi. L'énergie vitale, s'écoulant de l'œuf vers toutes les cellules nouvelles qui en dérivent par assimilation, subit une détente progressive. Si deux énergies vitales sont en présence, il y a lutte, et l'écoulement d'énergie se fait de la plus tendue à l'autre, qui est assimilée par la première. La vieillesse est la détente progressive de l'énergie vitale.

§ 36. — RAJEUNISSEMENT.

Mais, de même que, par une action chimique ou mécanique, la chaleur détendue peut, partiellement

---

[1] Ces considérations sont développées plus bas, au chapitre X.

au moins, se trouver ramenée à sa tension initiale, de même, sous l'influence de causes dont la plupart nous échappent encore, un rajeunissement subit peut se produire chez des éléments vieillis. Le mystérieux cancer est le résultat du rajeunissement accidentel d'une cellule à ressorts détendus, qui, brusquement, recommence à proliférer avec une énergie nouvelle. Ce rajeunissement est-il dû à un microbe en symbiose? à une cause physique? à une diastase? Nous l'ignorons encore; mais il est réel, et ses effets sont terribles.

Un autre rajeunissement, celui-là normal et familier, c'est le rajeunissement qui provient de l'union de deux éléments antagonistes, appelés l'un mâle, l'autre femelle. On a cru longtemps que ce phénomène sexuel était l'apanage des êtres supérieurs; depuis quelques années il devient évident que, même chez les espèces unicellulaires, la vie ne saurait se continuer indéfiniment par de simples bipartitions. C'est Maupas qui, le premier, a appliqué le mot de rajeunissement à l'acte sexuel chez les Infusoires.

Dans les espèces élevées en organisation, le rajeunissement n'est pas possible pour tous les tissus. Les muscles, les nerfs, les os, sont condamnés à la décrépitude progressive. Seuls, les éléments dits sexuels peuvent être le siège d'un recouvrement de tension vitale. Ils le sont d'ailleurs d'une manière étrange; ils commencent par mourir!

Seulement, ils meurent de telle façon que l'un d'eux attire l'autre. Cette attraction, source d'énergie, peut tendre des ressorts : l'élément mâle, introduit par elle dans l'élément femelle, réalise un œuf fécondé dont tous les ressorts sont tendus; de même le zinc et le cuivre d'une pile électrique, incapables l'un et l'autre de produire un courant, déterminent, si on les plonge dans un même liquide acidulé, une différence de potentiel.

Des expériences récentes ont montré que l'on peut, par un autre procédé, rajeunir un élément vieilli. Lœb, puis Delage, en trempant dans des solutions convenables un ovule en train de mûrir (ou de mourir; c'est tout un), ont constaté que cet ovule moribond recouvre une nouvelle jeunesse, ni plus ni moins que s'il avait été fécondé par un élément mâle.

Nous ne savons rien encore du mécanisme de ce rajeunissement artificiel; il se produit quelquefois dans la nature, et l'on dit alors qu'il y a parthénogénèse (enfantement des vierges). Qui sait si l'on n'arrivera pas un jour à redonner, par un procédé analogue, une tension nouvelle aux muscles fatigués des vieillards ? on aurait ainsi guéri la vieillesse individuelle, à moins qu'on ne fasse seulement naître un cancer mortel.

Le rajeunissement actuellement connu, n'est pas personnel; il est spécifique; il fait succéder un être nouveau à un être vieilli. Il n'accomplit pas le miracle, contraire au principe de Carnot, de la fontaine de Jouvence. Le nouvel être, qui provient d'un œuf fécondé, se trouve muni de ressorts tendus, prêt à accomplir une nouvelle série d'assimilations avec détente progressive, jusqu'à ce qu'arrive la vieillesse débile et la mort, à moins qu'un nouveau rajeunissement tende de nouveau les ressorts de la vie.

LIVRE III

L'ÉQUILIBRE

CHAPITRE IX

L'Existence des Corps.

§ 37. — DÉFINITIONS.

Au chapitre de la conservation de l'Énergie, nous avons été conduits à constater que ce principe, se vérifiant dans un système de corps qui portait son devenir en lui, entraînait l'existence de *liaisons* entre les diverses parties du système. Dans notre monde, qui nous paraît soumis au déterminisme le plus rigoureux, il y a donc des liaisons; le sort d'une de ses parties n'est pas indépendant du sort des autres, et je ne suis pas peu fier de penser que, quand je saute en l'air, le centre de la Terre se meut en sens inverse d'une quantité correspondante.

La loi n'est pas vraie seulement des déplacements qui ont lieu à l'échelle des mouvements mécaniques ; elle s'applique aussi à tous les changements qui se passent à toutes les échelles et que notre connaisance humaine localise, par nos organes des sens, dans les cantons sonores, thermiques, etc. Toutes les fois qu'un changement se produit quelque part, entraînant une dépense ou une production d'énergie sous une forme quelconque, il faut que, quelque part aussi, un changement inverse se produise et annule le premier.

Rigoureusement, il est possible que chaque changement, si minime qu'il soit, intéresse le système solaire tout entier. Pratiquement, on sait souvent localiser, dans un ensemble restreint de corps, voisins du phénomène produit, les compensations exigées par la conservation de l'énergie. Dans cet ensemble de corps, séparé provisoirement du reste du monde, on dit qu'il y a, au point de vue du changement observé, compensation ou *équilibre*. Les corps composant cet ensemble sont *en équilibre* au point de vue de l'espèce de changement considéré, c'est-à-dire que si un changement de cette espèce, aussi minime qu'il soit, se produit dans l'un des corps du système, les autres en subissent aussitôt le contrecoup.

L'expression équilibre est empruntée à une comparaison avec la balance ; tout mouvement, si petit qu'il soit, de l'extrémité de l'un des fléaux entraîne un mouvement correspondant des deux plateaux. L'addition d'un poids sur l'un des plateaux exige, pour que la balance reste horizontale, l'addition sur l'autre plateau d'un poids qui *fasse équilibre* au premier. La signification du mot équilibre, auquel conduit le principe de la conservation de l'énergie, est, on le voit, bien plus générale que le phénomène qui lui a donné son nom.

On confond ordinairement, dans le langage courant, le mot équilibre et le mot repos. Ces deux expressions ont cependant des significations entièrement différentes. Il y a équilibre entre des corps en mouvement, quand un changement dans le mouvement de l'un entraîne un changement compensateur dans le mouvement de l'autre. Et d'autre part, deux corps peuvent être en repos [1] l'un près de l'autre, sans être en équilibre [2] l'un avec l'autre. Voici, par exemple, deux cailloux sur le chemin ; ils sont au repos tous deux, du moins au repos mécanique, et je puis enlever l'un sans que l'autre bouge ; ils ne sont donc pas en équilibre

---

(1) Il est bien entendu que je parle seulement ici du repos à l'échelle des mouvements mécaniques, le seul que nos yeux nous fassent connaître.

(2) Le mot équilibre donne lieu à des confusions, à cause de son emploi dans le langage courant avec un sens différent. Il serait peut-être bon de créer un mot nouveau pour le langage scientifique.

l'un avec l'autre ; mais chacun d'eux est en équilibre avec la Terre qui le supporte. Voici, au contraire, une sonnerie électrique à circuit ouvert ; un observateur superficiel peut croire que cet ensemble est au repos ou, pour mieux dire, en état d'indifférence ; en réalité, il y a équilibre entre les diverses parties de ce système, et je change cet équilibre en appuyant sur la poire ; si j'appuie assez pour que le circuit se ferme, la sonnerie lointaine se met en mouvement, et cela prouve bien qu'il y avait équilibre et non indifférence. Le mouvement que j'ai fait en pressant la poire a dépensé la quantité d'énergie nécessitée par le principe de Carnot pour amorcer un phénomène préalablement suspendu.

Cet exemple de la sonnerie électrique est particulièrement frappant, parce qu'il nous met aux prises avec l'une des particularités qui nous empêchent de croire à la généralité des phénomènes d'équilibre ; les fils de cuivre de la sonnerie sont, en effet, des corps solides, et les corps solides nous donnent l'illusion d'objets *existant par eux-mêmes*, indépendamment des conditions du milieu. Nous serions beaucoup moins surpris si nous pressions le bouton d'une sonnette à air comprimé. Nous savons, en effet, qu'un gaz contenu dans un récipient est en équilibre avec ce récipient, c'est-à-dire que toute variation dans la configuration du récipient entraîne une variation dans l'état du gaz. Une masse de gaz n'existe pour nous, hommes, *en tant que corps défini*, que si elle est enfermée dans un récipient avec lequel elle est en équilibre. Si nous dérangeons l'équilibre en appuyant sur un piston, nous ne sommes pas étonnés qu'une variation de pression se transmette par le tube jusqu'à la sonnerie à air. Au contraire, le fil de cuivre nous paraît être un corps défini, parce que, dans les conditions ordinaires où nous vivons, il nous paraît *transportable* avec *toutes* ses propriétés. Il ne l'est pas, en réalité; son état électrique est sans cesse en équilibre avec le champ électrique dans lequel il se trouve; mais l'état électrique d'un fil ne modifie pas le fil à nos *yeux*, à moins cependant que le fil se trouve traversé par un courant assez fort pour le fondre [1]. Sauf dans ce dernier cas, les changements résultant des variations électriques ne sont pas visibles pour nous; ils sont à une autre échelle. C'est pour cela que nous croyons au repos du fil.

§ 38. — CORPS DÉFINIS ET TRANSPORTABILITÉ.

Les conséquences philosophiques de la notion d'équilibre sont très remarquables. Du moment qu'un *corps* fait partie d'un système en équilibre, **il n'existe plus par lui-même**; au moins pour

---

(1) Ou au moins pour le rendre lumineux.

celles de ses propriétés par rapport auxquelles il est en équilibre avec les autres corps du système; *il n'existe que par ces autres corps*, puisque la moindre variation dans les propriétés de ces autres corps entraîne une variation correspondante dans ses propriétés personnelles. Il ne peut être entièrement défini que si l'on connaît l'état du système tout entier.

La notion de *corps* défini nous est venue certainement de l'observation des corps solides et des corps vivants. Or, ni les uns ni les autres ne peuvent être entièrement définis si l'on ne connaît pas les conditions réalisées autour d'eux, l'ensemble du système avec lequel ils sont en équilibre.

Rigoureusement, cela fait disparaître la notion de *corps* telle que l'admettait la langue courante. Il n'y a pas de corps isolé; il n'y a pas de corps existant par lui-même, il n'y a pas d'individualité dans le monde.

La rigidité absolue du corps solide théorique est contraire aux choses possibles. Un corps qui serait vraiment rigide, *à toutes les échelles*, serait inaccessible aux variations de son ambiance; un tel corps n'existe pas; les corps les plus solides, quant aux déformations qu'ils subissent à l'échelle des mouvements visibles, restent susceptibles de changer de température, d'état électrique, et même de fondre dans certaines conditions.

Quant aux corps vivants, leurs liaisons avec les phénomènes ambiants sont évidentes ; la conservation du caractère appelé *vie* et qui les distingue des corps bruts est le résultat d'une *lutte* incessante contre les éléments voisins. J'ai consacré un volume de cette collection [1] à l'étude de cette lutte incessante ; le mot lutte est synonyme d'équilibre ; il fait image, étant emprunté aux corps vivants qui nous sont le plus familiers, et c'est pour cela que j'ai cru avantageux de remplacer le mot savant « équilibre » par l'expression plus frappante « lutte universelle ».

La notion de corps, indispensable au langage courant, doit donc disparaître du langage scientifique. Cette notion, empruntée aux corps solides considérés à tort comme immobiles à toutes les échelles, était trompeuse ; on ne pourra définir un corps que par la limitation conventionnelle d'un espace dans un endroit où règne un équilibre ; mais il sera bien entendu que ce qui est à l'intérieur de la surface limitante n'est pas sans liaison avec ce qui est à l'extérieur de la même surface. L'existence absolue d'une pierre n'a pas plus de réalité que celle d'un cyclone qui, parti d'Amérique avec certains caractères, se retrouve sur nos côtes européennes avec des caractères analogues, qu'il a *transportés* avec lui à travers les hasards de

---

(1) *La Lutte universelle.*

l'Océan. La pierre et le cyclone ne sont que des parties d'un équilibre.

Ce qui donne le plus de consistance, dans le langage courant, à un corps défini, c'est sa *transportabilité*. Cette transportabilité, nous venons de le voir, n'est jamais absolue, même s'il s'agit d'une pièce d'or ou d'un diamant. Si l'on décrit l'ensemble A de tout ce qui est à l'intérieur du corps considéré, les phénomènes qui s'y passeront au cours de son voyage ne seront pas définis par A seulement, mais par l'ensemble, *considéré à chaque instant*, de A et d'un autre facteur B représentant les conditions ambiantes. D'où la formule symbolique $(A \times B)$ que j'ai proposée d'abord pour représenter les activités successives des êtres vivants, et qui s'applique aussi bien à un météore comme le cyclone, à un tourbillon dans un fleuve, à un corps solide. Cette formule symbolique empêchera d'oublier que tout est, dans notre monde, phénomène d'équilibre.

§ 39. — LES DEGRÉS DE TRANSPORTABILITÉ.

S'il n'y a pas de corps absolument défini, doué de transportabilité totale, c'est-à-dire capable de conserver tous ses caractères à travers tous ses voyages, il y a, dans les corps que définit notre fantaisie, des degrés de transportabilité. Tel corps (?) n'existe qu'en un point déterminé grâce aux conditions réalisées en ce point, et en ce point seulement. Cela est vrai, par exemple, pour une ombre portée sur un mur. Si je déplace dans l'espace le morceau de la surface du mur qui porte l'ombre, cette ombre ne le suivra pas; elle est réalisée en cet endroit par un concours de circonstances que je ne transporte pas en déplaçant le morceau de surface qui la reçoit. Au contraire, une pierre reste tellement semblable à elle-même, au point de vue de sa visibilité pour notre œil, que nous la considérons comme n'ayant pas changé quand nous la déplaçons; elle a subi cependant, à une autre échelle, des variations électriques et thermiques; mais, en dehors de sa forme, il y a un très grand nombre de ses propriétés qui ne se sont pas modifiées dans le transport; ce sont ses propriétés chimiques. On pourrait définir la Chimie : la science des propriétés *transportables* des corps, en laissant de côté leur forme visible. Quand j'écris à un pharmacien de m'envoyer de l'antipyrine, je sais que, sauf dans des cas extraordinaires, le produit qui m'arrivera aura les propriétés thérapeutiques de l'antipyrine. Mais je sais aussi que, dans d'autres cas, si le facteur laisse tomber le paquet dans de l'acide sulfurique, par exemple, ce n'est pas de l'antipyrine qui m'arrivera. D'ailleurs, en traversant mon corps après que je l'aurai ingérée, l'antipyrine disparaîtra également en tant que composé chimique défini. La Chimie étudie aussi, outre les propriétés transportables des corps, les conditions dans lesquelles, en présence d'autres corps transportables, les premiers corps donnent naissance à d'autres corps également transportables quant à leurs propriétés chimiques. C'est ce qu'on exprime en disant que la Chimie étudie les *réactions* entre composés définis. Tout ce qui est transportable, dans un corps, est soustrait à la loi générale de l'équilibre. On peut considérer les édifices moléculaires des corps stables comme formant, au point de vue chimique, des systèmes isolés tels que les compensations produites à leur intérieur vérifient, dans chacun d'eux, la loi de la conservation de l'énergie.

Quand un corps chimiquement défini est, sans perdre ses propriétés chimiques, susceptible de fusion ou de vaporisation, on peut supposer, provisoirement au moins, que les phénomènes d'équilibre ont été, au cours de ces changements d'état, des modifications intermoléculaires et non intramoléculaires ; c'est ce qu'on exprime en disant que la transformation résultant de la réalisation du nouvel équilibre a été un phénomène physique et non un phénomène chimique. Ainsi, en dehors des périodes de réaction chimique, qui ne se réalisent que de loin en loin, les propriétés chimiques des corps seraient des propriétés absolues, absolument transportables. La chimie et la physique seraient ainsi deux sciences absolument distinctes.

Il faut en rabattre.

La découverte des phénomènes de dissociation a prouvé que, au-dessus d'une certaine température, définie pour chaque corps défini, les propriétés *chimiques* de ces corps sont régies par un équilibre. D'autre part, dans le domaine des colloïdes qui, par la question d'échelle est au-dessus de la chimie, on a découvert les propriétés de transportabilité les plus admirables ; ces propriétés de transportabilité ressemblaient même tellement à celles de la chimie, que beaucoup de savants les ont attribuées à des corps chimiques définis, qu'ils ont appelés toxines, diastases, etc., sans d'ailleurs parvenir jamais à les isoler. Cette transportabilité de propriétés très nombreuses par les colloïdes a, pour le philosophe, un intérêt énorme, car les corps vivants sont des colloïdes, et la transportabilité, chez les êtres vivants, s'appelle *hérédité*.

La chimie et la physique ne sont donc pas des sciences aussi distinctes qu'on l'avait cru d'abord ; on aurait pu définir la physique la science de l'équilibre, en ce sens que la physique étudie les phénomènes par lesquels les corps se mettent en équilibre avec les corps voisins aux points de vue mécanique, thermique, électrique, etc. La chimie, science des propriétés transportables, aurait été relative au contraire aux particularités qui ne sont pas, sauf les cas de réaction chimique, soumises à des phénomènes d'équilibre. La *chimie-physique*, domaine nouveau, étudie les phénomènes qui sont limitrophes à ces deux domaines, et parmi lesquels je viens de citer la dissociation et les propriétés des colloïdes.

L'étude des colloïdes, en particulier, fait comprendre comment des propriétés, soumises en réalité aux lois de l'équilibre de la manière la plus rigoureuse, peuvent néanmoins être transportables dans certains cas. Cette étude, poussée jusqu'à ses dernières conclusions, nous amènera, elle aussi, à des conclusions peu flatteuses pour notre amour-propre de roi de la nature.

L'homme n'est qu'un tourbillon actuel, capable d'amorcer, suivant le principe de Carnot, d'autres tourbillons. La liberté absolue est une illusion. Le résultat final de l'évolution du monde, ou du moins l'état du monde après la disparition de l'homme, sera un état d'équilibre dans lequel, petit à petit, disparaîtra la trace éphémère des activités humaines.

Nous nous serons agités en vain !

§ 40. — COLLOIDES ET ÉQUILIBRE.

Pour s'expliquer la transportabilité des propriétés chimiques des corps, les hommes ont fait appel à leurs notions les plus familières, celles des corps solides et des assemblages des corps solides.

Un morceau d'acier, une pierre, transportent avec eux, dans les conditions ordinaires de la vie de l'homme, leurs propriétés de morceau d'acier et de pierre. Une locomotive, formée de morceaux d'acier articulés d'une certaine manière, transporte avec elle ses propriétés de locomotive; une maison formée de pierres est déjà plus difficile à transporter, quoique les Américains y aient réussi. Nous avons naturellement comparé les molécules chimiques à des édifices ou à des mécanismes formés de parties invariables et dont l'agencement crée les propriétés.

Les molécules chimiques seraient donc de petits édifices ou de petites mécanismes, qui restent définis tant que les phénomènes résultant de leur équilibre avec l'ambiance n'ont pas altéré leur structure. Cette conception, purement statique, a fait place ensuite à une autre hypothèse analogue, mais dans laquelle la molécule, au lieu d'être comparée à un édifice immobile, l'était plutôt à un tourbillon, à un système planétaire. Dans notre langage de l'équilibre les changements sont traités de la même manière, qu'ils soient des changements d'un état de repos ou des changements d'un état de mouvement; les molécules tourbillons étaient donc dans le même cas que les molécules édifices. Elles conservaient leurs propriétés chimiques tant que les influences extérieures ne modifiaient pas de fond en comble leur état tourbillonnaire.

Toutes ces hypothèses relatives aux propriétés chimiques des corps ne sont pas susceptibles d'une vérification directe à cause des petites dimensions des molécules et des atomes. Mais s'il existe des corps homogènes dans lesquels la molécule est véritablement le plus grand élément ayant une apparence d'individualité[1], il y en a d'autres dans lesquels des éléments plus volumineux, formés de groupements de molécules conservent aussi, à travers les hasards des transports, des propriétés suffisamment constantes. De ce nombre sont les corps colloïdes qui, schématiquement au moins, sont composés de gouttelettes d'un liquide chimiquement défini, en suspension dans un autre liquide dans lequel le premier n'est pas soluble.

Ici, les dimensions plus considérables des particules suspendues sont suffisantes pour que ces particules soient visibles, sinon au microscope en lumière directe, du moins à l'ultramicroscope en lumière diffractée. Ce n'est donc plus [une pure hypothèse qui permet de croire à la structure hétérogène des corps colloïdes.

On peut se faire une idée grossière des colloïdes en fabriquant une émulsion d'huile dans une eau alcaline. L'agitation de l'huile dans l'eau finit par

---

[1] Les molécules ont, en effet, une apparence d'individualité, en dépit des phénomènes d'équilibre, tant que leur agencement moléculaire n'est pas détruit.

produire un liquide laiteux, dans lequel, au microscope, on découvre parfaitement de petites sphères d'huile suspendues dans un liquide aqueux. Ces petites sphères d'huile ont une certaine individualité qui résiste à beaucoup de transports dans des conditions variées ; il est évident que les phénomènes d'équilibre entre l'huile et l'extérieur ne se produisent qu'à travers l'eau dans laquelle cette huile est en suspension. En d'autres termes, on peut décomposer le phénomène total d'équilibre en deux phénomènes partiels : équilibre de l'huile avec l'eau ; équilibre de l'eau avec l'ambiance. L'huile ne ressentira les variations de l'extérieur qu'à travers une couche aqueuse protectrice. Pour qu'une modification importante soit apportée à une goutte d'huile il faudra d'abord qu'une transformation assez considérable se soit propagée dans l'eau qui l'entoure.

On conçoit aussi très grossièrement que, dans certains cas au moins, des ruptures d'équilibre survenant entre l'émulsion et l'extérieur soient compensées par des modifications superficielles, par des changements dans l'état d'équilibre entre le liquide aqueux et les globules huileux les plus voisins de l'extérieur. Alors, les parties profondes de l'émulsion seraient, provisoirement au moins, protégées contre les variations de l'ambiance. La transportabilité des parties profondes de l'émulsion serait obtenue au moyen de phénomènes d'équilibre modifiant sans cesse la couche superficielle protectrice.

Dans d'autres cas, au contraire, les modifications introduites dans la couche superficielle se transmettront de proche en proche à toute l'émulsion dont les propriétés seront changées, dont la transportabilité sera devenue précaire. La transportabilité d'un corps défini n'est, d'ailleurs, jamais absolue ; elle n'est constatable qu'entre certaines limites des conditions ambiantes, limites entre lesquelles les propriétés des corps ne changent pas assez pour que le corps devienne méconnaissable.

Un colloïde vrai est formé de particules bien plus petites que celles de l'émulsion grasse dont nous venons de parler, et il semble bien que la stabilité des particules, leur résistance à la destruction augmentent à mesure que, toutes choses égales d'ailleurs, leurs dimensions diminuent.

Supposons maintenant que notre émulsion au lieu de contenir des gouttes d'huile homogène, contienne des gouttelettes d'un colloïde formé de particules plus petites suspendues dans un autre liquide. Il y aura un intermédiaire de plus dans l'établissement de l'équilibre avec l'extérieur. D'abord le liquide appelé *solvant* et contenant les particules se mettra en équilibre avec l'ambiance. La modification qui en résultera retentira sur les particules suspendues dans le solvant. Puis la modification du liquide de ces gouttelettes retentira à son tour sur les particules suspendues dans leur sein.

Et si nous songeons aux molécules chimiques qui forment les particules et les solvants, nous concevons enfin que le sort de ces molécules sera protégé contre les atteintes de l'extérieur par des transmissions compliquées d'équilibres.

Ce modèle d'inclusions du second ordre n'est pas fantaisiste : ces colloïdes de colloïdes sont représentés dans les protoplasmas qui constituent tous les êtres en train de vivre, et la transportabilité de ces protoplasmas qui est l'hérédité des corps vivants est la question la plus intéressante pour le philosophe.

Non seulement les protoplasmas vivants peuvent, tant que leur vie continue, transporter avec eux, à travers tous les hasards, toutes les propriétés qui constituent leur patrimoine héréditaire, mais encore, ce qui est infiniment plus remarquable, ils peuvent en acquérir d'autres en traversant certaines circonstances ; ils peuvent, dirai-je en un langage imagé, emporter avec eux et conserver plus ou moins longtemps l'*empreinte* des milieux où ils ont vécu ; ce sont là les *caractères acquis* sous l'influence des conditions de vie. Les caractères que peut acquérir une espèce vivante sont non seulement très nombreux, je dirais même nfiniment nombreux ; ils sont, en outre, d'une délicatesse, d'une précision extraordinaires. Cette délicatesse, cette précision, nous prouveront l'insuffisance de notre grossier modèle de la structure des colloïdes. Nous avons d'ailleurs construit ce modèle avec des données entièrement statiques, et ce ne pouvait être là qu'une première approximation, car la vision des particules colloïdes observées à l'ultramicroscope en lumière diffractée, montre que ces particules sont animées de mouvements incessants. De même, en chimie pure, nous avons commencé par adopter une figuration statique des édifices moléculaires, figuration statique que nous avons dû abandonner ensuite pour la remplacer par une image empruntée à un système planétaire ou à un tourbillon. De plus en plus, tout ce qui nous semble constant dans le monde, nous paraît être le résultat d'un mouvement de qualités constantes, et non d'un repos que nous ne trouvons nulle part. Les corps solides ont été le point de départ de nos conceptions statiques, et cela a été utile dans une première approximation ; mais nous ne pouvons plus croire aux choses statiques, et quand, avec les résultats de notre analyse qui a eu les corps solides pour point de départ, nous en arriverons à nous poser des questions relatives à la structure intime de ces corps solides, nous serons conduits à les considérer eux-mêmes comme formés d'éléments mobiles à une certaine échelle! La considération du fil d'une sonnette électrique suffit à nous montrer la nécessité de l'abandon de toute notion de repos absolu.

Nous ferons donc de même pour les corps colloïdes; nous renoncerons à l'idée statique que nous nous étions d'abord faite au sujet de leur structure, et nous chercherons l'explication de leur admirable faculté d'acquisition de caractères nouveaux et précis dans des phénomènes particuliers qui sont parmi les plus remarquables des manifestations de l'équilibre universel, les phénomènes de résonance[1].

(1) Nous en avons déjà dit un mot, à propos de l'application du principe de Carnot aux protoplasmas vivants.

CHAPITRE X

Résonance et imitation.

> « L'imitation est la revanche du milieu sur le vivant. »

---

§ 41. — MOUVEMENTS PENDULAIRES.

Le meilleur exemple que nous ayons trouvé précédemment pour mettre en évidence la conservation de l'énergie mécanique a été le pendule. La liaison qui unit le pendule à la Terre peut être représentée, dans le langage courant, par une force, la pesanteur, qui tire sur la masse pendulaire dans la direction du centre de la Terre. Une autre liaison, le fil, unit la masse à son point de suspension et la contraint à se mouvoir en restant toujours à la même distance de ce point. Ces deux liaisons suffisent à déterminer le mouvement que prend le pendule quand on l'écarte de sa position verticale. Encore faut-il qu'en écartant le pendule de sa position verticale, on n'ait pas détruit les liaisons préexistantes; si l'on a donné une secousse brusque qui a cassé le fil, la masse précédemment suspendue ne sera plus un pendule et prendra un mouvement différent.

Sans pouvoir en décrire les liaisons, dans le langage courant, avec autant de facilité que pour le pendule, nous connaissons un grand nombre de systèmes dans lesquels une déformation, respectant les liaisons du système, est le point de départ d'un mouvement oscillatoire ressemblant à celui du pendule. Un ressort d'acier tenu fortement par une extrémité dans la mâchoire d'un étau, se met à osciller quand on écarte son extrémité libre de sa position première, pourvu qu'on ne desserre pas l'étau et qu'on n'écarte pas le ressort assez fortement pour le casser ou lui donner une déformation permanente en changeant les liaisons du système.

Mais l'air dans lequel le ressort oscille fait lui-même partie d'un système en équilibre. Le mouvement du ressort plongé dans son sein ne pourra se produire sans déterminer un changement dans l'air ambiant; mais si le mouvement du ressort est lent, si l'amplitude de son oscillation est grande, le trouble apporté dans l'air ambiant sera complexe et difficile à analyser ; ce sera quelque chose de vague ; un enfant dirait que le ressort oscillant dans l'air a fait du vent.

Il n'en sera plus de même si le ressort, oscillant avec une certaine vitesse et une certaine amplitude respecte, au lieu de les détruire, les liaisons du système en équilibre qu'est l'air ambiant. Une masse d'air peut, comme un ressort d'acier, être le siège de mouvements oscillatoires, mais avec des différences très importantes, du moins s'il s'agit d'une masse d'air libre. De même, en effet, qu'un pendule, constitué par une masse suspendue à un fil d'une certaine longueur, portait en lui-même la détermination de la durée de son oscillation, de même le ressort d'acier écarté de son repos a aussi une vitesse vibratoire propre, qu'il prend naturellement quand on le met en branle. L'air, au contraire, l'air libre du moins, a des liaisons moins exigeantes ; et l'on sait, en effet, qu'un diapason donnant une note quelconque, vibrant par conséquent avec une vitesse quelconque, communique à l'air ambiant *le même mouvement vibratoire*, ce qui fait précisément que nous pouvons *entendre* à distance la note caractéristique du diapason. C'est même ce caractère sonore des oscillations ayant une certaine vitesse, qui a fait donner le nom de *résonance* au phénomène que nous venons d'étudier, phénomène dans lequel l'air ambiant *épouse* l'allure rythmée du diapason qui vibre à son intérieur.

§ 42. — RÉSONNATEURS SPÉCIFIQUES ET RÉSONNATEURS INDIFFÉRENTS.

L'indifférence parfaite que manifeste l'air libre par rapport à la vitesse vibratoire du son qu'il transmet, ne se conserve pas entièrement quand il s'agit d'air contenu dans un espace limité par des corps solides. Là encore, il y a résonance de l'air pour le diapason, quelle que soit la note produite, et, placés dans cet espace limité, à une certaine distance de l'instrument, nous entendons encore sa note caractéristique ; mais la masse d'air confinée a des liaisons avec les corps qui la limitent. Ces liaisons sont telles que, dans certains cas, le son communiqué à l'air le fera vibrer dans sa totalité pendant longtemps sans grande perte d'énergie sonore. Dans d'autres cas, au contraire, le mouvement sonore considéré étant contrarié par les liaisons de l'ensemble, l'énergie sonore se transformera vite en des énergies différentes, de l'énergie thermique, par exemple ; le son s'éteindra petit à petit dans une enceinte dont sa hauteur contrarie les liaisons.

Donc, le son se transmettra toujours à travers l'air, jusqu'à une certaine distance ; mais, quelquefois, il s'éteindra vite ; quelquefois, au contraire, il se communiquera aisément à tout le milieu élastique limité qui l'entoure, et à ses parois.

Dans ce dernier cas, on dira que le milieu élastique considéré est un *résonnateur* du son produit par le diapason; cela a lieu quand les liaisons de ce milieu sont telles que, mis en branle oscillatoire, il produirait de lui-même la note du diapason.

D'après ce que nous venons de dire, il y a évidemment des résonnateurs *spécifiques* et des résonnateurs indifférents ; cela dépend de l'exigence des liaisons du résonnateur. La table d'harmonie d'un piano est, comme l'air libre, un résonnateur indifférent ; elle accompagne de son mouvement oscillatoire les vibrations de toutes les cordes du piano, quelles que soient les hauteurs de leurs sons. Au contraire, un tuyau d'orgue est un résonnateur spécifique qui ne peut entrer en branle que pour un son déterminé ; aussi, de tous les sons quelconques que produit le souffle de l'air frottant contre les bords irréguliers de sa fente, le tuyau ne répète et ne renforce qu'un son, celui que, par ses liaisons personnelles, il est apte à rendre.

Ces résonances des corps capables de produire des sons sont le premier exemple d'*imitation objective* que nous rencontrions dans la nature. L'imitation est diverse suivant les divers cas. Certains corps sont capables d'imiter à peu près tous les sons, comme cela a lieu pour la table d'harmonie du piano ; d'autres ne peuvent, au contraire, imiter qu'un seul son bien défini, et alors le mot imitation n'a même plus de valeur, car les corps considérés, mis en branle d'une manière quelconque, auraient, sans qu'aucun modèle leur fût proposé, donné précisément le son en question.

Pour les résonnateurs indifférents, c'est-à-dire capables d'imiter n'importe quel son, il suffit donc que des liaisons existent, obligeant chaque partie du corps à revenir, après un déplacement, à sa position première, mais que ces liaisons soient en même temps assez peu exigeantes pour que le modèle oscillatoire ne soit pas réglé dans ses détails. Cela est réalisé dans l'air libre qui peut ainsi imiter tous les sons.

A une autre échelle, d'autres mouvements oscillatoires sont l'objet de résonances au moins aussi intéressantes; ce sont les vibrations qui se transmettent par l'éther des physiciens, et dont la vibration lumineuse est le modèle le plus connu.

Tous les corps que nous voyons sont des résonnateurs pour les vibrations lumineuses, et c'est pour cela que nous les voyons. Seuls les corps noirs ne sont pas mis en branle par les vibrations lumineuses, et nous ne les voyons que par rapport à d'autres corps capables de nous renvoyer la lumière. En revanche, les corps blancs sont des résonnateurs indifférents, et vibrent à l'unisson de toutes les lumières. Les autres corps sont dits colorés et sont des résonnateurs spécifiques, pour certaines lumières qu'ils nous renvoient seules à l'exclusion de toutes les autres.

Un corps blanc *imite* toutes les lumières. Si nous projetons sur lui de la lumière bleue, il devient bleu ; si nous projetons sur lui de la lumière rouge, il devient rouge. Ce sont là des imitations parfaites analogues à celles de la table d'harmonie d'un piano. Un corps noir, au contraire, n'imite aucune lumière; il se comporte vis-à-vis de la lumière comme un morceau de feutre vis-à-vis du son. Un corps jaune imite celles des couleurs de la lumière solaire qu'il peut imiter et celles-là seulement; il analyse les radiations reçues, et nous renvoie seulement celles qu'il peut reproduire. Si on l'éclaire avec une lumière qui ne contient aucune de ses radiations spécifiques, il nous paraît noir.

Chaque corps défini transporte avec lui, tant qu'il ne subit pas de changement à ce point de vue, sa valeur comme résonnateur des divers mouvements vibratoires. Tout corps capable de vibrer en donnant le *la* se mettra à vibrer quand il traversera un air qui produit des sons contenant le *la*; tout corps capable d'imiter de la lumière jaune sera jaune quand il traversera un espace inondé de lumière blanche. Mais un diapason, dans un air acoustiquement immobile, restera immobile; un corps jaune, dans un endroit dépourvu de lumière, restera noir. La transportabilité se borne, dans les deux cas, à une capacité d'imitation de phénomènes ambiants avec lesquels le corps se met en équilibre dès qu'il est introduit parmi eux.

Rares sont les circonstances dans lesquelles un corps ayant imité un son ou une lumière, dans un milieu où se produisait du son ou de la lumière, transporte avec lui, pour un temps un peu long, le son ou la lumière qu'il a précédemment imités, et par lesquels il devient à son tour, pour le milieu nouveau où il pénètre, un modèle à imiter. La quantité d'énergie accumulée, par résonance, dans un corps, est généralement trop faible pour pouvoir se communiquer, sans s'amoindrir très vite, à un milieu nouveau qu'il sera nécessaire de mettre en branle. Le plus souvent, un corps éclairé s'éteint dès qu'il passe à l'obscurité. Il y a cependant certains corps qui, ayant été longtemps éclairés, transportent avec eux, dans l'obscurité, une luminosité durable. Ces corps sont de structure colloïde. C'est d'ailleurs dans le domaine colloïde que l'on rencontre les résonnateurs les plus admirables, et cette simple remarque nous met sur la voie des phénomènes d'imitation si merveilleux chez les êtres vivants.

§ 43. — LA RÉSONANCE CHEZ LES COLLOIDES.

Les corps colloïdes remplissent les meilleures conditions pour être des résonnateurs parfaits. Chaque particule de ces corps est en équilibre avec le suivant et avec les autres particules, de telle manière que si une cause quelconque la déplace sans détruire ses liaisons, elle doit osciller autour de sa position primitive ; et si le colloïde est homogène, les liaisons étant de même ordre, dans ses divers points, une oscillation réalisée en un point, se généralisera aisément à toute la masse. Suivant la manière dont la masse colloïde sera limitée, il pourra d'ailleurs s'y produire ce qui se passe dans une masse d'air confiné, c'est-à-dire que les liaisons du colloïde avec ses parois pourront faciliter ou empêcher sa résonance vis-à-vis de certaines oscillations.

Le même colloïde pourra être un résonnateur à des échelles diverses. Nous constatons familièrement une particularité analogue dans les corps qui nous entourent. Je vois par ma fenêtre des roseaux qui oscillent dans le vent (mouvement pendulaire à l'échelle mécanique); ils rendent un son aigu sous le frottement de la brise (mouvement sonore à l'échelle acoustique); ils sont verts sous la lumière du ciel (résonance à l'échelle de vibrations lumineuses).

Mais, dans les roseaux que j'observe, les trois résonances d'échelles différentes semblent absolument indépendantes l'une de l'autre. Ce qu'il y aura au contraire de plus remarquable chez les colloïdes, du moins chez les colloïdes vivants, c'est que, s'il existe en eux des liaisons à diverses échelles leur permettant d'être des résonnateurs pour des vibrations d'échelles différentes, il existe aussi en eux des relations d'équilibre entre les phénomènes qui se passent dans leur sein à ces diverses échelles. Une résonance d'ordre lumineux peut, par des transformations des conditions d'équilibre à cette échelle, influencer les conditions d'équilibre réalisées dans le colloïde à l'échelle sonore! J'ai longuement insisté d'ailleurs[1] sur

___
(1) *Éléments de philosophie biologique; op. cit.*

cette propriété remarquable des êtres vivants qui, par suite, établissent des relations entre des phénomènes naturels d'échelles différentes, entre des phénomènes qui, sans les corps vivants, se seraient éternellement ignorés.

§ 44. — PARENTHÈSE RELATIVE A LA CHALEUR.

Que certains colloïdes protoplasmiques soient susceptibles d'être des résonnateurs pour des sons et des couleurs, nous en sommes certains puisque nous, hommes, possédons des organes des sens formés de protoplasma et qui, entrant en mouvement sous l'influence des vibrations extérieures *qu'ils imitent*[1], nous en transmettent la connaissance avec une précision parfaite; je reviendrai longuement plus tard sur ces phénomènes de résonance protoplasmique qui sont l'élément essentiel de notre activité imitatrice.

Non seulement nous connaissons des sons et des couleurs par l'intermédiaire des organes des sens appropriés. Nous connaissons aussi des températures par le moyen de ce que nous pouvons appeler notre sens thermique, et qui est réparti dans presque toute notre peau. Mais la connaissance de la température ne provient pas, comme

[1] On a pu croire aussi que les odeurs nous étaient transmises, dans certains cas au moins, par une résonance particulière et non par un transport de particules matérielles.

celle des couleurs et des sons, d'un phénomène d'imitation, quoiqu'elle soit encore le résultat d'un phénomène d'équilibre.

En dehors même des colloïdes, dans les corps ordinaires qu'étudie la physique, nous ne connaissons pas de phénomène de résonance pour les températures. Une couleur, un son, qui se transmettent à un résonnateur, conservent certaines qualités qui nous permettent de les reconnaître, de dire que le résonnateur reproduit, imite le son, la couleur proposés. Au contraire, pour les températures, lorsque deux corps inégalement chauds se trouvent en présence, aucun de ces corps n'impose sa température à l'autre ; l'équilibre qui s'établit entre eux conduit à l'obtention d'une température moyenne uniforme. De même pour les vitesses de deux mobiles qui suivent une même direction ; si l'un d'eux atteint l'autre, il ne lui impose pas sa vitesse : les deux mobiles acquièrent une vitesse nouvelle intermédiaire aux deux vitesses initiales.

L'emploi du mot vitesse entraîne une certaine confusion quand il s'agit de mouvements vibratoires ; on a l'habitude de dire, en effet, qu'un tel mouvement est plus rapide quand il accomplit, en une seconde, un plus grand nombre d'oscillations ; mais si la durée d'un oscillation est d'un caractère important, il y a un autre caractère qui, lui aussi, ne manque pas d'intérêt, c'est la nature du mouvement dans l'intérieur d'une oscillation. Deux sons peuvent être identiques au point de vue de leurs durées oscillatoires, et différer par des caractères importants quant au mouvement du corps vibrant pendant une oscillation. Deux pendules de même longueur oscillent dans le même temps, quoique l'un ait une *amplitude* plus forte que celle de l'autre : deux sons de même hauteur ont la même durée vibratoire quoique l'un ait une *intensité* plus forte que celle de l'autre. Et il est évident que pour ces deux pendules et ces deux sons, les questions d'énergie varient avec l'amplitude et l'intensité. Quand un corps sonore communique son rythme à un résonnateur, son intensité diminue. L'imitation par le résonnateur se borne au rythme du mouvement sonore : l'intensité ne s'imite pas. Or, l'intensité, dépendant de l'amplitude, correspond, pour des amplitudes différentes, à des vitesses différentes du mobile oscillant considéré à des moments correspondants de son oscillation. Deux sons égaux en hauteur et différents en intensité, sont produits par des mobiles qui ont à chaque instant des vitesses différentes dans l'intérieur d'oscillations de même durée. On dit cependant que ces deux sons ont même vitesse vibratoire. A cause de la confusion entre ces deux vitesses, il vaut mieux dire *rythme* pour indiquer que les oscillations d'un objet et de son résonnateur ont même durée. Les résonnateurs imitent des rythmes. C'est seulement dans les cas où il s'agit du rythme que les phénomènes d'équilibre conduisent à une résonance, à une imitation véritable. Relativement aux amplitudes, aux intensités, l'équilibre qui s'établit entre deux corps différents produit au contraire un résultat *intermédiaire* aux qualités initiales des deux corps. C'est ce qui se produit pour les vitesses de deux mobiles suivant une même direction ; c'est aussi ce qui se produit pour les températures de deux corps mis en contact. Cela conduit à penser que la température n'est pas une qualité rythmique, mais est plutôt comparable aux amplitudes, aux intensités, aux vitesses proprement dites.

Il y a des radiations qui sont à la fois lumineuses et calorifiques ; d'autres, d'un rythme plus lent, sont uniquement calorifiques, c'est-à-dire que leur rythme n'a pas dans nos yeux de résonnateur spécifique. Ce que nous appelons température serait une qualité correspondant à l'amplitude, à l'intensité des mouvements vibratoires compris entre deux limites marquées sur le spectre. En dehors de ces limites, qui sont celles du spectre calorifique, l'intensité des vibrations ou bien nous échapperait, ou bien nous serait connue sous une forme autre que celle des températures. Au delà du violet, par exemple, l'intensité des radiations qui ne sont plus lumineuses nous est connue par leur valeur comme agents de transformations chimiques, etc...

§ 45. — LE MAGASIN PROTOPLASMIQUE.

Ceci posé, revenons à l'imitation des rythmes par les colloïdes qui, nous l'avons vu, sont des imitateurs, des résonnateurs par excellence. Que quelques-uns d'entre eux soient des résonnateurs spécifiques, nous n'en pouvons douter et nous en trouverons par la suite des modèles d'une précision absolue, dans l'action des *diastases*, par exemple. Mais le mot d'imitation n'a sa véritable raison d'être que lorsqu'il s'agit de résonnateurs indifférents, ainsi que nous l'avons déjà dit. La table d'harmonie d'un piano, capable de rendre un très grand nombre de sons, imite et renforce par là même le son d'une corde vibrante dont l'énergie, en l'absence de ce résonnateur indifférent, se serait dispersée dans les ambiances sous des formes non sonores.

On a pensé longtemps, tant pour la lumière que pour le son, que nos surfaces sensorielles contenaient des résonnateurs spécifiques pour chaque vibration perceptible, lumineuse ou sonore. L'hypothèse de Helmholtz, qui voulait que chaque fibre de Corti fût un résonnateur spécifique correspondant à un son déterminé, a été longtemps enseignée. Pierre Bonnier a émis une autre théorie qui correspond à celle du résonnateur indifférent[1]. Ce qu'il

---

[1] Voyez la comparaison de ces deux théories dans *Éléments de philosophie biologique, op. cit.*

y a de plus important, c'est que les résultats de ces *imitations* s'emmagasinent, sous forme de ce qu'en psychologie on appelle de souvenirs, dans les colloïdes qui constituent nos centres nerveux. Et là, au moins, il faut bien voir des résonnateurs indifférents, mais des résonnateurs indifférents jouissant d'une propriété bien curieuse, que je vais essayer de faire comprendre.

Supposons qu'une table d'harmonie, résonnateur indifférent, ait été mise en branle par une corde donnant le la^3. Elle renforcera ce son pendant un certain temps, et ses vibrations, se transmettant à l'ambiance, finiront par s'éteindre en se transformant dans des formes d'énergie non sonores. Cela fait, la table d'harmonie aura *oublié* ce qu'elle vient de faire; elle sera dans le même état que si elle avait servi de résonnateur à un *mi* ou à un *sol;* elle restera un résonnateur indifférent comme par le passé. Il n'en est plus de même pour un protoplasma qui a imité un rythme donné; pendant plus ou moins longtemps ensuite, ce protoplasma conservera, par rapport à ce rythme, un caractère spécifique acquis. Nous ne saurions nous figurer cette acquisition de caractère rythmique au moyen du modèle grossier que nous avons imaginé précédemment pour les colloïdes. L'équilibre de ces corps merveilleux peut être comparé, en gros, à celui de ressorts tendus; mais que diriez-vous d'un ressort qui, tendu par la résonance d'une note donnée, conserverait ensuite la propriété de donner cette note quand on le lâcherait? C'est précisément un phénomène de cet ordre que nous rencontrons chez les protoplasmas vivants.

Les protoplasmas vivants, colloïdes très complexes, sont bien susceptibles d'imiter, au sens précédemment défini, des couleurs et des sons; mais nous pourrons désormais laisser de côté ces mouvements rythmiques moins importants pour notre étude, et conserver néanmoins cette notion féconde, tirée des comparaisons précédentes, que les relations d'équilibre qui s'établissent entre un colloïde et son ambiance sont des phénomènes de résonance. C'est peut-être là qu'est la meilleure clef pour l'étude des phénomènes vitaux.

Sans pouvoir nous le représenter par un modèle convenable, nous parlerons désormais du *rythme* des colloïdes. J'ai autrefois proposé d'employer le mot *Taux* dans le même sens[1], voulant dire par là qu'il y a quelque chose de mesurable dans l'état caractéristique d'un colloïde déterminé. Dans un ouvrage plus récent[2], j'ai simplement employé l'expression « état colloïde ». Le mot *rythme* me paraît bien préférable, tant parce qu'il fait image, que parce qu'il s'applique admirablement à la narration des relations des colloïdes entre eux. Il y a des colloïdes simples, qui ont un rythme bien défini et

(1) V. *Introduction à la Pathologie générale*, Alcan, 1906.
(2) *La Lutte universelle.*

un seul. Ces colloïdes simples ont des résonnateurs spécifiques auxquels ils imposent leur rythme particulier. Telle la présure pour le lait ; telle une diastase quelconque pour le colloïde vis-à-vis duquel elle joue le rôle de diastase. Les colloïdes simples peuvent d'ailleurs avoir aussi des résonnateurs indifférents auxquels ils imposent leur rythme, mais qui auraient pu, de même, subir le rythme d'une autre diastase. Telle une toxine qui peut tuer de nombreux protoplasmas d'espèces différentes. Et, par suite des liaisons existant chez certains colloïdes entre les phénomènes de l'échelle colloïde et ceux de l'échelle chimique, une résonance diastasique pourra se traduire par un résultat chimique, comme cela a lieu pour le sucrate qui intervertit le sucre de canne. Je me contente de signaler ici ces faits intéressants que j'ai longuement développés dans d'autres ouvrages [1] sous une forme différente. J'ai cru intéressant de montrer comment on peut arriver ainsi, de proche en proche, en se servant uniquement des principes d'équilibre et de conservation de l'énergie, à la notion de ce qui caractérise la vie par rapport à la substance brute. Il était évident en effet que, puisque la vie se distingue de la mort par la faculté d'*assimilation*, d'*imitation*, d'*adaptation*, on serait conduit aux phénomènes biologiques par la considération des

(1) V. *La Lutte universelle, op. cit.*, et *Éléments de philosophie biologique, op. cit.*

activités qui seules permettent la *résonance* ou *imitation* dans la nature brute, les activités rythmiques.

Un protoplasma vivant, qui a longtemps vécu en présence de vibrations sonores, de radiations lumineuses ou autres, de colloïdes à rythmes variés, est, par suite des équilibres successifs dont il a fait partie et dont il a gardé l'empreinte, un magasin de résonances enregistrées.

§ 46. — IMITATION, ASSIMILATION, HÉRÉDITÉ.

De même que la transportabilité est l'hérédité des corps bruts, on peut dire que l'hérédité est la transportabilité des corps vivants. Et si le protoplasma est véritablement cet admirable résonnateur qui est à chaque instant en équilibre avec tout ce qui l'entoure, on peut se demander à quoi se réduit cette transportabilité des caractères individuels. Dans tout phénomène vital, il y a en effet des activités de deux ordres et qui semblent contradictoires: l'être vivant reste semblable à lui-même dans une certaine mesure, et, d'autre part, il devient, par résonance, semblable au milieu. C'est qu'en effet, il y a deux manières de devenir semblable à un milieu, c'est de se transformer jusqu'à ce qu'on lui ressemble ou de le transformer jusqu'à ce qu'il vous ressemble. L'être vivant est susceptible de résonances de ces deux ordres; il peut être, dans certains cas, considéré comme le résonnateur d'un producteur de sons ; dans d'autres cas, comme un producteur de sons qui fait résonner l'ambiance. Dans les deux cas, il y a équilibre.

Pour ce qui est des radiations proprement dites, lumineuses ou autres, et des vibrations sonores, l'être vivant joue ordinairement le rôle du résonnateur passif ; mais quand il s'agit d'ambiances colloïdes, les rôles sont renversés : l'être vivant, sous peine de mort, impose sa résonance au milieu. C'est cette lutte pour le rythme colloïde qui constitue le phénomène essentiel de la vie.

Le protoplasma vivant n'est pas un colloïde simple ; c'est un *complexe* de colloïdes ; dans notre comparaison acoustique, nous pourrions dire qu'il est semblable à un orchestre. En présence d'un colloïde à rythme donné différent de tous les siens, il lutte contre la résonance obligatoire par le jeu de celui de ses instruments qui peut précisément dompter l'étranger gêneur ; il le *digère* par une *diastase*, c'est-à-dire par une activité colloïde simple émanée de lui et capable de réduire au silence ou plutôt de mettre à l'unisson avec lui-même le rythme discordant qui l'attaque.

Assimiler ou être assimilé, tout est là.'

Un colloïde capable d'imposer son rythme à l'être vivant est un danger pour lui ; on l'appelle *toxine* dans le langage microbiologique. Un colloïde capable au contraire de subir le rythme imposé par l'être vivant est pour lui un moyen de s'accroître : on dit que c'est un *aliment*.

Et d'ailleurs, ce qui est aliment pour l'un est toxine pour l'autre, et réciproquement.

Grâce à l'existence des liaisons dont j'ai parlé précédemment entre les activités qui se passent aux diverses échelles des protoplasmas, les résonances d'ordre colloïde peuvent avoir des conséquences d'ordre chimique ; et ainsi, l'assimilation physique ou digestion peut, au sein des protoplasmas vivants, conduire à l'assimilation chimique parfaite qui est la caractéristique de la vie [1]. Le résultat de cette assimilation dépend néanmoins de la nature du colloïde qui a été assimilé ; c'est l'instrument qui a eu à lutter qui s'est développé au cours de la lutte et non les autres. J'ai donné à ce phénomène la dénomination d'*assimilation fonctionnelle*[2]. Sa précision dépasse tout ce qu'on peut rêver : la sérothérapie en est la preuve ; un individu, qui a lutté contre une toxine déterminée, fabrique à son intérieur des colloïdes isolables et transportables, qui ont pour propriété de vaincre cette toxine, et celle-là seulement ou celles qui ont le même rythme, celles qui sont à l'unisson avec elle. Dans cette lutte contre un colloïde déterminé, le protoplasma vivant l'emporte donc en ce sens qu'il détruit la toxine et lui impose son

(1) V. *Éléments de philosophie biologique*, *op. cit.*
(2) V. *Éléments de philosophie biologique*, *op. cit.*

rythme personnel; mais il conserve de la lutte un souvenir précis, un caractère qui permet d'affirmer que sa victoire n'a pas été complète. Ce souvenir, dont nous donnons ici une définition objective, nous fait penser au souvenir des luttes contre les vibrations proprement dites, luttes dont nous conservons le souvenir subjectif. Et il est tout naturel de penser que ces deux souvenirs connus, l'un objectivement, l'autre subjectivement, sont des phénomènes de même ordre. Nous utiliserons cette remarque quand nous étudierons les fondements de la psychologie.

Ainsi donc, la vie est la victoire du protoplasma orchestre sur les rythmes des colloïdes et des autres corps ambiants. Cette victoire n'est jamais tout à fait complète; la vie est, comme je l'ai dit dans un autre livre de cette Bibliothèque, *un compromis entre la tradition conservatrice et les influences révolutionnaires* (V. *La Lutte universelle*, op. cit.). L'*assimilation* du milieu par le protoplasma correspond à la tradition conservatrice; les influences révolutionnaires produisent l'*accoutumance* au milieu, l'*habitude*. La vie ne se conserve qu'à condition que les influences du milieu ne soient pas trop importantes; et c'est pour cela que, tant qu'un être reste vivant, il transporte avec lui, malgré les équilibres divers qu'il traverse, un ensemble de propriétés qui permet de le reconnaître partout et toujours; c'est son patrimoine héréditaire, son hérédité, en un mot. Au cours d'une existence longue et mouvementée, cette hérédité se modifie petit à petit, en s'additionnant de caractères nouveaux qui, produits, au cours de luttes prolongées, par des victoires partielles du milieu[1], se fixent dans le patrimoine héréditaire à côté des caractères antérieurs dont ils acquièrent la transportabilité. De sorte que, si l'on suit un protoplasma dans une lignée ininterrompue depuis l'origine de la vie jusqu'à un animal de nos jours, son hérédité initiale n'est vraiment plus reconnaissable aujourd'hui ; l'hérédité n'est pas absolue ; elle semble telle au cours d'une existence peu prolongée ; mais il suffit d'envisager une longue suite de générations pour constater que cette prétendue *transportabilité* des caractères protoplasmiques n'est qu'approchée et provisoire ; elle est sans cesse battue en brèche par l'influence victorieuse du milieu, par l'*éducation*.

L'hérédité et l'éducation sont donc les deux facteurs antagonistes de l'histoire des espèces.

Le résultat de leur lutte est l'évolution.

L'évolution est lente, parce que, sous peine de mort, un individu doit conserver, dans chaque lutte, un minimum d'hérédité inviolée ; mais elle se produit sans cesse, quoique lente, parce que

---

[1] Ce sont ces victoires que je résume dans l'épigraphe du Chapitre X en disant que l'imitation est la revanche du milieu sur le vivant.

l'assimilation conserve toujours le *souvenir* de la substance assimilée.

Chose remarquable, ces deux phénomènes antagonistes, assimilation et variation, hérédité et acquisition des caractères, sont l'un et l'autre des phénomènes de résonance. Dans le premier, c'est le protoplasma qui fait résonner le milieu; dans le second, c'est le milieu qui met le protoplasma à l'unisson. Mais ce sont toujours des phénomènes d'*imitation*. Je n'hésite donc pas à donner aux phénomènes d'imitation la première place dans l'étude de la vie, et je me propose, dans le second volume de cet ouvrage, d'entreprendre un exposé de la question générale de l'imitation au sens psychologique ou humain. J'avais déjà fait infructueusement une telle tentative il y a six ans[1]. Actuellement, je crois avoir réussi à donner de l'imitation une explication purement mécanique et objective, en employant largement le langage précieux de l'équilibre. C'est en effet dans les phénomènes d'équilibre que l'on trouve les seuls exemples d'activités des substances brutes pouvant être appelées imitatrices, et l'on ne saurait bâtir une explication objective complète d'un phénomène biologique, avant d'avoir rencontré, dans le domaine des corps bruts, des activités élémentaires pouvant être légitimement appelées du même nom que ce phéno-

(1) *L'Unité dans l'Être vivant*, Paris, Alcan.

mène biologique dont elles sont en réalité les éléments.

Les manifestations vitales ne sont susceptibles d'une explication mécanique complète que si l'on trouve *tous* leurs éléments dans la mécanique des corps bruts.

§ 47. — RÉSUMÉ DU CHAPITRE DE L'ÉQUILIBRE.

Ces considérations sur l'équilibre me paraissent si importantes, que je crois devoir résumer dans un paragraphe la série des déductions qui se sont enchaînées dans ce chapitre, et qui nous ont conduit de la conservation de l'énergie à l'évolution des espèces vivantes.

Nous avons constaté d'abord que le principe de la conservation de l'énergie nécessitait l'existence de liaisons entre les divers corps d'un système complet portant son devenir en lui, et cela nous a conduits à cette conception inattendue qu'aucun corps au monde n'existe par lui-même indépendamment de son ambiance avec laquelle il est en *équilibre*. Il n'y a donc pas au monde d'*entité* absolue. La *transportabilité* des propriétés des corps n'est jamais que partielle, puisque ces propriétés sont liées au milieu dans lequel on transporte le corps. Cette transportabilité se manifeste cependant, à des degrés variables, chez certains corps spéciaux, les corps solides à la température ordinaire, les corps chimiquement définis au-dessous de leur température de dissociation, et enfin, également en dessous d'une certaine température, les corps colloïdes qui comprennent les êtres vivants.

Dans un corps soumis à des liaisons analogues à celles du pendule, les phénomènes d'équilibre se traduisent par des mouvements oscillatoires. Ces mouvements périodiques se rencontrent à toutes les échelles, vibration d'un diapason, lumière, etc. Quand un corps est doué d'un tel mouvement, son équilibre avec le milieu peut se traduire par des phénomènes de résonance; le milieu est entraîné par le corps, dans un mouvement de même *rythme*[1], et ceci pendant plus ou moins longtemps suivant que les liaisons du milieu lui permettent d'adopter ce rythme comme sien, ou bien au contraire que ces liaisons amortissent rapidement la résonance en la transformant.

Les colloïdes paraissent être des résonnateurs de premier ordre; quelques-uns sont des résonnateurs spécifiques, d'autres des résonnateurs indifférents; mais, en tout cas, ils conservent en eux la résonance et l'amortissent dans leur sein en en conservant l'empreinte ou souvenir. Les protoplasmas vivants, complexes de colloïdes, sont des magasins de résonances; ils peuvent se mettre à l'unisson

---

(1) Ce qui fait dire qu'il *imite* le mouvement vibratoire du corps qui le met en branle.

avec le milieu, soit en subissant son influence (éducation), soit en lui imposant leur rythme personnel par des diastases élémentaires (digestion, assimilation, conduisant à l'hérédité). L'évolution des espèces vivantes est le résultat de la lutte de ces deux modes d'imitation : imitation active (assimilation ou hérédité) et imitation passive (variation, éducation). L'hérédité n'est pas absolue; l'assimilation est fonctionnelle[1]. La vie est un compromis entre la tradition conservatrice et les influences révolutionnaires.

(1) Voici un exemple grossier, emprunté aux corps bruts, et qui fera comprendre que le résultat d'une assimilation par un protoplasma dépende du rythme de la substance assimilée.

Quand on jette une pièce de monnaie sur un plateau, le timbre du son produit permet de savoir de quel métal est faite la pièce ; c'est cette propriété qu'emploient les caissiers des maisons de commerce.

Mais si le timbre du son produit permet de savoir de quel métal la pièce est formée, *il indique aussi la nature du plateau sur lequel on l'a jetée.*

LIVRE IV

LOIS ET MESURES

CHAPITRE XI

Lois naturelles et Règlements sociaux.

---

§ 48. — CONFUSION DU LANGAGE PSYCHOLOGIQUE ET DU LANGAGE MÉCANIQUE.

Le principe de la conservation de l'énergie nous a fourni l'exemple d'une des lois naturelles les plus générales ; sauf dans les cas de radioactivité, où il est peu probable aujourd'hui que ce principe soit en défaut, il nous a paru applicable à tous les phénomènes connus. Les lois découvertes par les savants ne sauraient d'ailleurs être légitimement appliquées à des domaines inaccessibles à notre expérience ; mais nous avons une tendance instinctive à considérer comme générale une formule qui se vérifie dans tous les cas connus de nous.

La découverte d'une loi naturelle permet à l'homme de prévoir certains phénomènes; une loi naturelle s'énonce, en effet, ordinairement ainsi : quand telles conditions sont réalisées, tel résultat se produit. Si donc nous savons, à un certain moment, mesurer avec précision des conditions réalisées quelque part, nous pourrons, étant en possession de la loi correspondante, prévoir ce qui se passera au point considéré.

A quoi cela nous servira-t-il? Si ce résultat que nous prévoyons nous est utile, nous en profiterons; s'il nous est nuisible, pourrons-nous l'empêcher? Il serait ridicule de vouloir empêcher une loi naturelle de s'appliquer; ces lois sont fatales, et c'est une faute de langage, faute d'ailleurs très courante, que de parler de s'opposer à leur accomplissement. Les lois naturelles sont fatales, en nous comme hors de nous. Nous n'avons pas besoin de refléchir pour nous soumettre au principe de la conservation de l'énergie; ce principe se vérifie, quoi que nous fassions. Mais le fait que nous avons découvert une loi peut nous être utile toutes les fois que notre activité prévoyante peut intervenir, pour modifier les conditions d'un phénomène qui nous intéresse. Le rat qui a acquis, par l'expérience de ses congénères, la connaissance de la structure des pièges, évite de toucher au ressort tendu. La loi, dans ce cas, est que, si l'on touche au ressort, la trappe s'abat; la loi n'est pas en défaut parce que le rat a évité le piège : mais les conditions sont modifiées par l'intelligence du rat, de manière que la loi n'ait pas l'occasion de s'appliquer à son détriment.

La connaissance des lois naturelles nous permet d'intervenir dans les conditions du monde ambiant, pour éviter certains résultats nuisibles, et aussi pour préparer certains résultats utiles, en construisant des machines. Voilà qui est facile à raconter en langage psychologique, et il n'y a là rien que de très compréhensible, puisque le langage psychologique a été créé pour raconter les relations avec l'ambiance de l'homme, considéré comme une entité indépendante du monde qui l'entoure. La narration sera beaucoup plus difficile dans le langage de la mécanique universelle, et cela est encore bien compréhensible, puisque, dans ce langage, l'homme étant traité comme un ensemble de corps en équilibre avec d'autres corps dont il ne diffère pas essentiellement, il ne saurait être question d'utilité ou de nocivité dans une transformation quelconque. La mécanique universelle ne connaît pas d'individus, mais des systèmes en équilibre.

Nous aurons à comprendre plus tard comment un système de parties soumises aux lois naturelles peut posséder l'individualité particulière qui permet de parler de lui dans le langage psychologique, comment surtout il possède l'intelligence qui lui permet d'acquérir de l'expérience et d'en tirer parti. En attendant, il est indispensable de mettre en garde contre l'abus très courant qui consiste à mélanger les deux langages, à faire des phrases dans lesquelles on emploie des notions psychologiques en même temps que d'autres notions empruntées à la mécanique. Molière, dans *les Femmes savantes*, a déjà mis cet abus en évidence ; l'un de ses beaux esprits reproche à son domestique de s'être laissé choir

> ... pour avoir du point fixe écarté
> Ce que nous appelons le centre de gravité.

Le langage psychologique ne connaît pas de centre de gravité, mais l'instinct de la station verticale et les mouvements coordonnés qui la maintiennent, en dehors de la connaissance de toute formule mathématique. Le héron perché sur une patte ne connaît pas son polygone de sustentation.

L'abus est beaucoup plus grave lorsque ce mélange des langages psychologique et mécanique est utilisé dans des raisonnements sociaux. « Je ne suis pas responsable », dit le philosophe, dans *le Disciple*, de Bourget. C'est là une absurdité. La notion de responsabilité, qui appartient au langage psychologique, ne se retrouve pas, en effet, dans le langage de la mécanique universelle, ce que l'on exprime en disant que la liberté absolue, la responsabilité absolue, n'ont aucun sens. Mais alors il faut dire : il n'y a pas de liberté, pas de responsabilité dans le monde, de même qu'il n'y a pas d'individus libres du monde, séparés du monde qui les entoure. En même temps qu'on nie la responsabilité, ce qui est scientifiquement légitime, il faut nier également la personnalité, pour les mêmes raisons; il ne faut donc pas dire : « Je », qui est l'expression parfaite de la personnalité, Commencer une phrase par : « Je », qui est du domaine psychologique, et terminer par la négation de la responsabilité, qui est du domaine de la mécanique universelle, c'est commettre une pétition de principe. La notion de responsabilité étant liée à celle de bien et de mal, d'utilité et de nocivité, ne peut exister dans une langue qui ne connaît pas les individus. En mécanique universelle, il n'y a ni plaisir, ni douleur, ni avantage, ni inconvénient, rien que des constatations impersonnelles. En revanche, du moment qu'on dit « Je », on est libre, on est responsable, de la liberté et de la responsabilité psychologiques, de même qu'on « est » toujours, dans le langage psychologique.

Cette question de la responsabilité, du libre arbitre, du déterminisme, du fatalisme et du finalisme, a fait couler des flots d'encre; les philosophes sont néanmoins aussi divisés qu'auparavant; j'ai, pour ma part, essayé plusieurs fois déjà de résoudre ces questions avec clarté; si je n'ai pas été clair, ce qui est certain puisque beaucoup ne m'ont pas compris et se sont moqués de moi, cela tient à ce que je suis probablement tombé moi-même dans l'abus que je signale ici, et qui provient de l'emploi simultané de deux langages contradictoires. C'est aussi à ce vice de forme qu'est due la confusion si fréquente entre les lois naturelles et les lois humaines, ou, pour employer deux expressions plus différentes, entre les *lois mécaniques* et les *règlements sociaux*, ou *conventions sociales*.

Je vais essayer de donner à la question un énoncé dépourvu de toute cause d'erreur.

§ 49. — DÉTERMINISME.

Le déterminisme est une notion de mécanique universelle; sa découverte est pourtant antérieure à la période scientifique proprement dite, et a même été la condition essentielle de la création des sciences. Le déterminisme a eu comme première expression : « les mêmes causes produisent les mêmes effets ». Mais cette vieille formule avait été tirée par nos ancêtres de l'observation du monde *extérieur* à l'homme. Il était bien entendu que l'homme, et, d'une manière générale, tous les animaux, n'entraient pas dans le cadre de la loi; en excitant deux fois de suite, de la *même* manière, un *même* animal, on obtient des résultats *différents;* affirmation qui contient, on le voit, la notion de personnalité absolue, puisqu'elle suppose que, à deux moments différents, un animal est le *même*, est identique à lui-même.

Aujourd'hui, nous avons entrepris d'étendre à l'homme et aux animaux la formule du déterminisme universel ; mais il est bien évident que cela ne peut avoir lieu dans le langage psychologique. Au contraire, le fait que le *même* animal répond de deux manières différentes à une même excitation, prouve, pour le déterministe, que l'animal a changé dans l'intervalle, et que l'on commet une erreur en lui attribuant une dénomination constante qui lui confère la personnalité. L'expression du déterminisme universel, appliquée au monde entier en y comprenant l'homme et les animaux, n'a donc de signification que dans le langage impersonnel de la mécanique. Là on peut le confondre sans inconvénient avec le fatalisme.

§ 50. — FATALISME.

Dans le langage de la mécanique universelle, déterminisme et fatalisme sont synonymes. Un état du monde succède à un autre état qui le précédait, en vertu des lois inéluctables. Un être omniscient, qui connaîtrait, dans un langage unique, tous les mouvements se passant à toutes les échelles (nous avons vu que cela est impossible si cet être ressemble à un homme), pourrait prévoir, étant donné un état du monde, l'état qui lui succédera, et ainsi tout l'avenir. Cet être omniscient ne connaîtrait ni bien, ni mal, ni plaisir, ni douleur; il ignorerait les individus que méconnaît la mécanique universelle; mais il pourrait prévoir, à une date quelconque, tous les mouvements à toutes les échelles.

En général, le mot fatalisme est employé dans le langage psychologique, et alors, il représente une absurdité. L'idée de fatalisme nous vient, en effet, d'une époque où l'on considérait les hommes comme des entités indépendantes du milieu dans lequel ils vivent. Le fatalisme faisait abstraction de ces entités vivantes, et considérait comme négligeable leur intervention dans les affaires du milieu ambiant. Or, les êtres vivants ne sont pas séparables du milieu; ils n'existent que par lui; ils sont en équilibre avec lui; tout ce qui se passe dans le contour d'un être vivant retentit sur le milieu, et, réciproquement, tout ce qui se passe dans le milieu, peut retentir sur l'être vivant. Le fatalisme, exprimé en langage psychologique, conduit à la négation des relations établies entre les animaux et leur ambiance; il est donc absurde.

Au contraire, si on l'exprime dans le langage de la mécanique universelle, il est synonyme de déterminisme.

Exprimé en langage de mécanique universelle, le déterminisme, ou, ce qui revient au même, le fatalisme ne connaît pas les individus; il permettrait à un individu omniscient de prévoir l'avenir sans se douter qu'il existe des êtres vivants, mais il ne faut pas dire pour cela que les actes des êtres vivants sont indifférents à la réalisation de l'avenir. Ici se pose encore une question que la confusion des deux langages rend presque insoluble.

Les phénomènes d'équilibre étant *actuels*, on se demande souvent quel rôle ont pu jouer dans la réalisation de l'état présent du monde, les phénomènes locaux des êtres passés. Cette question aurait une signification précise si l'équilibre atteignait à la fois tous les éléments du monde, s'il n'y avait pas à chaque instant des systèmes de corps restant partiellement soustraits à l'équilibre universel, en raison de leur *transportabilité*. C'est la *transportabilité* de certaines propriétés partiellement soustraites à l'équilibre, qui fait que le monde a une histoire. Sans elle, l'équilibre universel réaliserait un repos définitif ou du moins un état dans lequel il n'y aurait plus de changement ; mais chaque corps a une dose plus ou moins grande de transportabilité et, par cela, joue un rôle historique dans l'évolution du monde. Si le résultat de l'évolution du monde était un équilibre définitif, si, par exemple, tous les corps se trouvaient au-dessus de leur température de dissociation, à un état où leur transportabilité est nulle, on pourrait considérer l'équilibre définitif obtenu, comme entièrement indépendant des phénomènes passés de l'histoire du monde. Au contraire, notre monde se refroidit ; la transportabilité des corps augmente, le nombre des éléments soumis à l'équilibre diminue. Là où s'est formé un morceau d'or solide, il y aura peut-être toujours désormais un morceau d'or. Il y a peut-être, dans les profondeurs de la Lune, des corps qui ne subiront plus jamais qu'une modification insignifiante, due à une légère diminution de température ; la transportabilité y est au maximum, l'équilibre y est minime. Tout cela nous fait penser qu'un grand nombre de phénomènes de l'histoire du monde en voie de refroidissement laisseront leur trace ; ce serait le contraire si la température de l'univers montait. Et par conséquent, dans l'état actuel des choses, aucun phénomène, si minime qu'il soit, n'est indifférent à l'histoire du monde, car, par lui-même, par ses tenants et aboutissants, ce phénomène a des traces transportables.

§ 51. — LIBRE ARBITRE.

Le libre arbitre est une notion psychologique ; chacun de nous a, en effet, conscience de ce qui se passe en lui, comme s'il était une unité isolée, entièrement séparée du milieu. Il connaît aussi, mais d'une manière indirecte, quelques-uns des phénomènes du milieu, et surtout ceux qui intéressent la conservation de sa vie [1]. Il se considère donc comme un système complet ; l'activité de ce système complet, même si elle a rapport à des phénomènes extérieurs, est dirigée, non par ces phénomènes eux-mêmes, mais par la conscience qu'il en a. En d'autres termes, l'animal agit toujours pour des raisons qui sont en lui. L'animal qui parle de lui-même en langage psychologique, ne peut pas s'empêcher de se considérer comme doué de liberté absolue. Il se considère comme un mécanisme mû par une volonté libre qui choisit ses déterminations : sa notion de personnalité lui fait croire que son mécanisme ne change pas, et quand, dans des circonstances données, il change d'avis, de détermination, il est convaincu que son mécanisme n'a pas changé et que seule sa volonté, indépendante du mécanisme, a agi librement. L'homme s'aperçoit cependant à la longue qu'il change, puisque d'enfant il devient vieillard ; mais dans l'intervalle, entre deux volitions, il s'aperçoit trop peu des changements qu'il a subis, et il se considère comme libre de diriger à sa guise un mécanisme fixe.

La mécanique universelle ne connaissant pas les individus, ne sait pas ce que c'est que la liberté. Malgré la transportabilité partielle des propriétés des êtres, tout phénomène qui se passe en eux

---

(1) V. *Les Influences ancestrales.*

est un phénomène d'équilibre dont certains facteurs sont dans l'être, d'autres dans le milieu. Chacun de ces phénomènes est entièrement déterminé par les conditions dans lesquelles il se produit, et laisse dans l'être une trace transportable, qui sera un élément des déterminations ultérieures. C'est cette trace transportable qui fait que l'on dit souvent, dans un langage mixte, qu'un individu vivant est le résultat de tout ce qu'il a fait depuis sa naissance ; on pourrait même dire qu'il est le résultat de tout ce qui a été fait dans sa lignée depuis l'apparition de la vie. Ce langage mixte est celui de la biologie ; ce n'est plus le langage psychologique, puisqu'il est entièrement objectif ; ce n'est plus le langage de la mécanique universelle, puisque, au lieu de s'attacher à chaque instant à l'ensemble d'un système en équilibre, il suit, à travers ses évolutions successives, la série des formes de l'un des facteurs de l'équilibre, le corps transportable de l'individu. Au point de vue mécanique, cette considération de l'élément transportable, qui varie sans cesse, est tout à fait factice ; elle est dangereuse aussi pour ceux qui ont l'habitude du langage psychologique, et qui peuvent confondre la personnalité-entité avec l'individualité-série de corps transportables dérivant les uns des autres. Il ne faut jamais oublier que la langue biologique est une transformation conventionnelle de la langue de la mécanique universelle, transformation dans laquelle, sans se refuser à connaître les équilibres successifs, on parle, dans un langage malheureusement calqué sur celui de la psychologie, de l'élément transportable des phénomènes vitaux. On a l'habitude regrettable de donner, en biologie comme en psychologie, le même nom A à un individu que l'on sait changer sans cesse. L'individu biologique, ce n'est pas la personne-entité des psychologues ; c'est un individu-série, que l'on devrait représenter par une série, $A_1, A_2, A_3... A_n$. Chaque terme de la série n'agit qu'une fois, et, agissant, se transforme par là-même dans le terme suivant. La question de la liberté absolue que les psychologues énoncent quelquefois ainsi : « Un tel a fait ceci à tel moment, mais il aurait pu faire autre chose s'il avait voulu », n'a plus de sens dans le langage biologique correct, où l'on considère l'individu-série. La liberté absolue n'a pas plus de place en biologie qu'en mécanique universelle.

Somme toute, la biologie ne diffère de la mécanique universelle que parce qu'au lieu d'envisager le phénomène vital dans le milieu (qu'il intéresse cependant tout entier), on s'attache plus particulièrement à en étudier les conditions et les conséquences dans le corps transportable de l'animal.

§ 52. — FINALISME.

Quoique substituant à la personne-entité des psychologues une série de corps unis les uns aux autres par le lien de la transportabilité, le langage biologique permet de parler d'utilité et de nocivité pour l'individu-série. Il y a surtout une particularité inconnue à la mécanique générale et qui prend en biologie la première place, c'est la conservation de la vie dans l'individu-série. La vie est un phénomène qui ne peut s'envisager que dans l'ensemble formé par l'être et le milieu; mais du moment qu'on s'applique à suivre la série des corps de l'être, c'est pour cette série que la conservation de la vie est importante. Il faut savoir si, de chaque activité vitale de l'individu vivant, le terme suivant de la série sort également vivant, ou si la série des individus vivants est interrompue par un individu mort.

Pour parler rigoureusement, il faudrait dire en réalité que, de l'activité précédente, l'individu sort *viable*, car il ne peut être vivant que si le milieu s'y prête. Quoi qu'il en soit, c'est pour l'individu seul que le biologiste envisage les conséquences d'une activité vitale; les changements correspondants du milieu importent peu. La transformation résultant d'une activité d'un individu peut donc être utile ou nuisible à l'individu. Le biologiste appréciera après coup la valeur utilitaire d'une action; il constatera que l'individu en sort plus apte à continuer de vivre ou amoindri, au contraire, dans ses qualités vitales. Si même, la science acquise par l'observateur est suffisante, il pourra prévoir d'avance que telle activité, dans telles conditions, sera avantageuse ou nuisible à l'animal observé. Notre science acquise est bien minime, relativement aux animaux autres que nous-mêmes; nous pouvons rarement prévoir ce qu'un animal va faire, et quel avantage il en tirera. En revanche, si l'observateur se confond avec l'observé, sa science acquise est bien plus importante; nous savons, relativement à nous-mêmes, beaucoup de choses que nous ignorons relativement aux autres; mais nous ne le savons et ne pouvons l'exprimer qu'en langage psychologique.

Nous savons que, dans l'état où nous nous trouvons, si nous agissons de telle manière, telle chose en résultera (sous réserve de contingences qui, étant localisées dans le milieu, ne peuvent être prévues de nous). Cette prévision, résultant d'une expérience acquise, entrera comme élément dans la détermination de notre activité. C'est ce que nous exprimons, dans la langue psychologique, en disant que nous agissons dans un but donné. Le finalisme est une notion psychologique qui ne saurait être traduite dans le langage de la mécanique universelle. En d'autres termes, le langage finaliste n'a aucune signification quand il s'agit de raconter les activités des corps bruts ; quand il s'agit des êtres vivants, il est commode, car il est l'expression même de l'intelligence animale, définie comme nous l'avons fait précédemment. Le fait même que l'on peut appliquer le langage finaliste à la narration d'un fait prouve que, dans ce fait, il intervient un animal intelligent. Il n'est donc pas étonnant que les théologiens aient trouvé commode de raconter l'activité totale de l'Univers dans le langage finaliste, en supposant un être intelligent qui connaîtrait tous les mouvements de l'Univers, aussi bien et même mieux que nous ne connaissons, chacun pour notre compte, nos variations intimes, et qui, dans un but l'intéressant, dirigerait d'une certaine manière le fonctionnement universel. Cela est très facile dans le langage psychologique ; cela n'a aucun sens dans le langage de la mécanique universelle, où il n'y a que des phénomènes d'équilibre, sans personnalités.

§ 53. — LES LOIS BIOLOGIQUES.

Le langage impersonnel de la mécanique est très précieux pour la science, mais inutilisable dans la vie courante ; le langage psychologique, commode pour les relations entre hommes, est dangereux au point de vue des conclusions scientifiques que l'on peut en tirer. Le langage intermédiaire de la biologie nous permet de rechercher des *lois* relatives au sort des êtres vivants dans des conditions données. S'il y a des formules relatives à tous les êtres vivants *et à eux seuls,* ce seront des lois de biologie générale.

Cette définition même nous montre que la question de la conservation de la vie devra être posée dans l'énoncé de chacune de ces lois ; si, en effet, la vie ne se conserve pas au cours des activités considérées, l'individu-série sort du cadre biologique ; la loi qui se vérifie chez lui n'est plus une loi de biologie générale. Les lois de biologie générale diffèrent donc des lois de la mécanique universelle par la considération des individus-séries et par l'introduction de la clause : sous peine de mort.

J'ai consacré plusieurs ouvrages [1] à l'établissement des lois de la Biologie générale ; je n'y reviens pas ici, mais je veux faire à leur propos une remarque que j'ai déjà faite plus haut, à propos des lois de mécanique, et qui a bien plus de raison d'être quand il s'agit des phénomènes vitaux. Il s'agit de la confusion que l'on fait si fréquemment entre les lois naturelles et les conventions sociales. Il n'arrive pas souvent qu'un homme se préoccupe d'être en règle avec le principe de la conservation de l'énergie ; l'absurdité de

---

(1) Voyez surtout : *Éléments de philosophie biologique, op. cit.*

cette préoccupation est trop évidente. L'absurdité saute moins immédiatement aux yeux pour les lois de la vie. Des socialistes, épris de fraternité, ont voulu battre en brèche la sélection naturelle basée sur la lutte pour l'existence, sans s'apercevoir que cette loi de Darwin était l'expression d'une vérité de La Palisse [1]. La loi du plus fort ou du plus apte, qui exprime une vérité non moins évidente, choque la sentimentalité des justes. Quand j'ai donné à la formule générale de l'équilibre l'expression de *lutte universelle*, les pacifistes m'ont répondu que la vraie loi est la loi d'amour ! Partout il y a confusion entre la *loi naturelle*, résumé de constatations impersonnelles et désintéressées, et le *règlement social* conçu par les hommes intelligents, en vue d'assurer à une société d'individus soumis aux lois naturelles la plus grande somme de bonheur possible. Les lois naturelles sont inéluctables et s'appliquent partout et toujours sans que nous y puissions rien. Les lois humaines sont des plans de conduite, des programmes d'activité intelligente ; on pourrait presque dire que les lois humaines sont le correctif des lois naturelles dont la connaissance, acquise par la science, a permis à l'homme de prévoir certains événements et d'agir en conséquence. Les journaux sont pleins de la confusion

---

(1) V. *Traité de Biologie*, Félix Alcan, éditeur.

que je signale ici, et il n'y a pas malheureusement que les journaux; les gens les plus avertis s'y laissent prendre. Une personne très intelligente et très instruite que j'interrogeais récemment sur ses projets d'avenir me répondit, entre autres choses, qu'elle était décidée à se conformer à la loi naturelle de reproduction. S'il est nécessaire de s'y conformer, ce n'est pas une loi naturelle; les lois naturelles sont inéluctables. La loi biologique se réduit à la constatation de la conservation jusqu'à nous de toutes les lignées dans lesquelles les individus se sont reproduits sans interruption; voilà tout; si un individu ne s'est pas reproduit, la lignée s'est interrompue sans pouvoir être reprise. Mais je ne vois pas là quelque chose qui puisse donner naissance à cette nécessité métaphysique, à ce devoir de reproduction. Reproduisez-vous, et vous aurez des descendants; ne vous reproduisez pas, et vous n'en aurez pas. C'est à cela que se résume la loi de reproduction.

L'homme diffère cependant, à ce point de vue, de beaucoup d'animaux qui, en faisant acte reproducteur, ne savent pas qu'ils se reproduisent. Savoir comment l'on féconde est au contraire la condition de pouvoir, si l'on veut, ne pas féconder. Connaître une loi naturelle, c'est apprendre le moyen de la tourner en évitant les conditions dans lesquelles elle s'applique.

§ 54. — SOCIOLOGIE.

Au lieu de séparer conventionnellement du milieu, pour l'étudier à travers ses transformations successives, un individu-série, comme le fait la biologie, la Sociologie se propose d'étudier les conditions d'existence et l'évolution d'une société d'individus, considérée elle aussi comme une entité ; la sociologie s'éloigne donc de la mécanique universelle encore plus que la biologie, car elle considère non plus un seul, mais deux objets que ne connaît pas la mécanique : 1° l'individu ; 2° la société formée d'individus.

On pourrait dire à cela que, au moins pour les animaux supérieurs, l'individu est, lui aussi, formé de cellules que l'on peut étudier à part comme de véritables individus, et que, par conséquent, la biologie fournit un modèle parfait à la sociologie qui étudie des sociétés formées d'animaux. Mais c'est là, il me semble, une comparaison fautive. Depuis qu'a été établie la généralité de la théorie cellulaire, on a en effet pris l'habitude de décomposer un être en ses cellules pour en faire la description ; mais c'est là seulement une analyse commode, elle ne s'impose pas. On peut s'intéresser très violemment au sort d'un homme sans se préoccuper aucunement de ce que deviennent ses cellules ; dans un cas de maladie grave, on se préoccupe de savoir si l'individu survivra, et l'on se soucie peu que la victoire soit obtenue au prix de la destruction de milliers de phagocytes. La pathologie nous fournit des exemples de maladies dans lesquelles, les phagocytes étant victorieux, l'individu qui les contient n'en meurt pas moins. Ce qui intéresse le biologiste c'est le sort de l'individu.

C'est également le sort de l'individu qui intéresse le sociologue ; la société n'est pas une entité dont le sort nous préoccupe, nous, hommes, qui sommes des individus, indépendamment du sort des individus. La sociologie pourrait être définie : la biologie de l'individu vivant en société. Il ne paraît donc pas légitime de calquer la sociologie sur la biologie de l'être pluricellulaire en disant que la société est composée d'individus comme l'individu est formé de cellules, puisque l'intérêt de la biologie va au composé, tandis que l'intérêt de la sociologie va au composant. Il faudrait savoir en outre, s'il est légitime d'assimiler les liaisons qui unissent la vie individuelle à la vie élémentaire des cellules, et les liaisons qui unissent l'évolution sociale à la vie des individus composant la société. Pour ces deux raisons, les théories bâties sur la comparaison d'une société et d'un être pluricellulaire semblent devoir donner peu de fruits.

Que, dans la biologie comme dans la sociologie, l'intérêt aille toujours à l'individu, cela nous ramène une fois de plus à la fondamentale *question d'échelle*. Suivant que nous considérons l'homme comme un mécanisme formé de plusieurs trillions de cellules, ou au contraire comme un élément faisant partie d'une société contenant des millions d'hommes, nous placerons l'homme dans la nature par rapport à ce qui se passe à l'échelle inférieure ou par rapport à ce qui se passe à l'échelle supérieure, et nous allons voir que ces deux manières d'envisager l'individu conduisent à deux méthodes très différentes. J'espère montrer que toute la question si passionnante du *hasard* a son intérêt dans la différence de ces méthodes ; j'ai déjà montré précédemment que le Lamarckisme et le Darwinisme diffèrent aussi de la même manière, et que l'on devient Lamarckien en étudiant les conséquences, à l'échelle de l'individu, des phénomènes fortuits ou darwiniens qui se passent à l'échelle de ses cellules. Des lois rigoureuses à une échelle, résultant de phénomènes fortuits à une échelle inférieure, voilà, me semble-t-il, l'intérêt qui n'a pas encore été signalé de la question du hasard que nous allons étudier maintenant.

CHAPITRE XII

Le Hasard et la Question d'échelle [1].

§ 55. — LA CHANCE.

« Aucun mortel, dit Sophocle (derniers vers d'*Œdipe roi*), ne saurait être appelé heureux, s'il n'a atteint le terme de sa vie sans avoir éprouvé d'infortune ». Crésus, si l'on en croit Hérodote, aurait vérifié par lui-même la valeur de ce principe enseigné par Solon. Les Grecs, croyant au Destin, étaient particulièrement frappés de l'impossibilité de prévoir l'avenir ; les plus sages d'entre eux conseillaient d'attendre la fin des événements pour les apprécier, méthode vraiment scientifique dans sa modestie, et qui fournit à Darwin, après vingt-cinq siècles, la meilleure explication des merveilles du monde vivant.

[1] La question du hasard a été étudiée par les plus illustres mathématiciens, depuis Laplace jusqu'à Poincaré. Il serait donc présomptueux d'y revenir, si la tournure d'esprit d'un biologiste ne devait le conduire à envisager le problème à un point de vue tout différent. Ce chapitre XII a paru dans la *Revue du Mois* (septembre 1907).

Quand la réussite successive de plusieurs entreprises importantes avait fait décerner à un homme l'épithète d'heureux, on pensait que le Destin jaloux punirait un jour ce bonheur insolent; l'histoire de Polycrate de Samos montre que les anciens, s'ils se trouvaient quelquefois forcés de croire à la Chance, se vengeaient de cette nécéssité en prévoyant des revers de fortune conformes au principe de Solon. Plus un homme avait été heureux dans le passé, plus ses épreuves paraissaient douloureuses dans la suite; cela permettait d'établir un rapport entre l'énormité des succès et l'importance des revers, et de rétablir la balance; mais, en réalité il n'y avait là que l'affirmation de l'utilité du raisonnement *a posteriori*.

Aujourd'hui, nous n'aimons plus à personnifier les facteurs de la Nature[1]; les conquêtes les plus solides de la Science du XIXe siècle justifient notre défiance à l'égard des entités dont on peut parler comme si c'étaient des hommes; mais la forme du langage courant ne se prête pas à cette nouvelle

---

(1) **M.** Mæterlinck croit à la *Chance*, parce qu'il croit à la *Justice;* il faut qu'il trouve une raison aux phénomènes dans lesquels les hommes sont traités de manières différentes, avec une partialité vraiment regrettable. Il s'efforce néanmoins de répudier la divinité appelée chance, et de la remplacer par je ne sais quelle activité inconsciente (*Revue de Paris*, 15 mars 1902).

Son étude montre, une fois de plus, qu'il faut raisonner *a posteriori* dans les affaires de hasard, sous peine d'être conduit à des considérations peu scientifiques.

manière de voir; le langage est un héritage des grands ancêtres et contient leurs croyances. C'est pour cela que Flourens put, avec une certaine vraisemblance, reprocher à Darwin d'avoir déguisé la Providence dans sa sélection naturelle. Il en va de même pour le Hasard.

§ 56. — PRÉVOYANCE ET INTELLIGENCE.

Quand nous observons un fait, nous nous demandons ordinairement s'il est le produit de l'activité réfléchie d'un être vivant, ou s'il résulte d'un concours de circonstances parmi lesquelles la volonté d'un animal n'a joué qu'un rôle nul ou peu considérable. Nous disons dans le second cas que le phénomène est l'œuvre du Hasard; nous opposons le hasard à l'initiative individuelle; aussi un étonnement général accueillit-il le livre dans lequel Darwin s'efforça d'attribuer au seul hasard l'origine de la volonté et de tous les autres caractères des êtres vivants. Quand il s'agit des animaux et de l'homme, nous avons en effet l'habitude d'établir une antithèse absolue entre les actes fortuits et les actes intentionnels.

Nous ne nous mettons pas en colère, si notre voisin nous marche sur le pied sans l'avoir fait exprès; nous lui reprochons seulement de n'avoir pas prévu le mal qu'il pouvait nous faire et de n'avoir pas pris ses précautions pour l'éviter. Car l'homme peut prévoir une partie des événements auxquels il est mêlé ; il peut se servir de cette prévision pour agir. Il prévoit parce qu'il est savant, et c'est la définition d'Auguste Comte : « Savoir c'est prévoir ». Il agit en conséquence de ses prévisions parce qu'il est intelligent, et c'est la définition de Romanes : « L'intelligence consiste à tirer parti de ce que l'on sait ».

L'intelligence des animaux et de l'homme varie avec les individus ; leur science est bornée. Même dans les cas les plus favorables, notre connaissance de l'avenir est précaire. Un voyageur qui entre dans un omnibus fait tout ce qu'il peut pour ne gêner personne : un cahot le jette sur une dame ; s'il l'avait prévu, il aurait pris ses mesures en conséquence. Un chasseur tire un coup de fusil ; l'amorce rate et le lièvre file. On presse le bouton d'une sonnette électrique ; le timbre ne résonne pas : un contact est mauvais ou la pile est polarisée. L'homme ne peut prévoir que sous réserve des contingences ; il y a de l'imprévu, du hasard dans les affaires les mieux combinées. Le monde est trop complexe et l'on ne saurait penser à tout.

§ 57. — DÉFINITION DU HASARD.

Tout acte d'un être vivant peut être considéré comme résultant de deux facteurs, savoir, le corps même ou mécanisme de l'animal, et l'ensemble des conditions réalisées dans son ambiance. Je représente le premier facteur par A, le second par B; tout acte de l'animal peut donc être représenté par la formule symbolique : $A \times B$.

Le facteur A ou mécanisme animal se déplace, pendant la vie de l'être, par rapport aux points de repère fixes du milieu B; ce facteur A se modifie en outre, petit à petit, sous l'influence des fonctionnements ($A \times B$) qu'il traverse. Remarquons tout de suite qu'on pourrait en dire autant de n'importe quel corps transportable, même non vivant; tout corps défini se comporte, à un moment donné, d'une manière qui peut se représenter par une formule symbolique ($A \times B$).

L'homme *connaît* à chaque instant, grâce à ses organes des sens, la position qu'il occupe par rapport à un certain nombre des éléments du facteur B; il se *souvient* de la valeur utile ou nuisible de tel ou tel conflit avec ces éléments connus, et *prévoit* ce qui arrivera si ce conflit se reproduit, Il se sert de cette prévision dans la détermination de ses actes, et c'est là, nous venons de le voir, la définition de l'intelligence animale.

Ceci posé, une définition suffisante du hasard est, **pour un être vivant donné**: « l'ensemble des éléments du facteur B, vis-à-vis desquels son intelligence est désarmée ».

L'impuissance de l'animal, vis-à-vis de ces agents peut tenir à plusieurs causes :

1° Les éléments considérés du facteur B sont à l'abri de l'inquisition des organes des sens de A. Par exemple, une tuile tombant d'un toit sur un passant qui ne regarde pas en l'air; ou encore, la valeur d'une carte à jouer dont on ne voit que le dos; un ami que l'on rencontre au détour d'une rue. On a été heurté par hasard, on a tiré la carte au hasard, on a rencontré son ami par hasard. La tuile, l'ami, la carte, étaient en dehors de la sphère d'inquisition des organes des sens de l'individu considéré, jusqu'au moment où ils y sont entrés, la tuile en le frappant, l'ami en apparaissant, la carte en se retournant.

Sauf des cas très spéciaux, comme ceux de rendez-vous pris à l'avance par deux personnes, on peut toujours dire qu'un élément d'action entre *par hasard* dans la sphère d'investigation d'un individu, puisque, en fait, il n'y était pas quand il y est entré. Mais il y a à distinguer entre le cas où cette entrée dans notre sphère d'inquisition se produit à temps pour que notre intelligence puisse se mettre en jeu avant le conflit, et celui où elle a lieu trop tard, ce qui nous conduit au second cas.

Avant d'arriver à ce second cas, constatons que, dans l'intérieur de notre corps même, dans le contour de ce facteur A que nous transportons avec nous, il y a toujours des éléments d'action que nous ignorons et qui peuvent, sans que nous l'ayons prévu et évité, entrer en conflit avec notre organisme vivant; un microbe végétant à notre insu dans nos nerfs nous donne la rage; un caillot sanguin nous tue d'une embolie. Nous ne connaissons pas tous les facteurs d'action qui existent dans notre corps; il y a du hasard en nous; il y en a bien plus en dehors de nous, et j'admire que beaucoup de nos contemporains croient à la chiromancie. Un caractère de notre individu, qu'il soit emprunté aux lignes de la main ou à toute autre partie du corps, peut, je n'en doute pas, renseigner un homme habile sur beaucoup de points de notre nature, sur notre facteur A, au moment considéré. Mais ce qui nous arrivera ne dépend pas de A seul; il dépend de A et de B, et le facteur B n'est pas figuré dans les lignes de la main.

2° L'intelligence de l'animal peut être désarmée vis-à-vis d'un fait qui se passe à portée de ses yeux et de ses oreilles, s'il n'a pas de ce fait une expérience suffisante, une connaissance assez approfondie. Ainsi, un homme qui jette des dés ne peut prévoir sur quelle face ils tomberont; de même s'il tire un coup de fusil sans mettre l'œil à la ligne de mire, s'il avale un fruit qu'il ne connaît pas, s'il choque un objet qu'il ne sait pas explosif. Dans tous ces cas, on dit qu'il a agi au hasard; il ne connaît les résultats de son acte que lorsqu'ils se sont produits, *trop tard* pour qu'il puisse y remédier. Le joueur de dés a perdu sa partie sur un coup imprévu, le tireur a tué son ami, le gourmand s'est empoisonné, etc. Tout cela a été le résultat d'un hasard.

Encore y a-t-il une différence entre ces divers cas. Dans les derniers, l'expérience, insuffisante au moment de l'accident, peut être accrue du fait de l'accident même, et empêcher les hommes qui en ont été témoins de se trouver désarmés dans un cas analogue, lorsqu'il se reproduira. Notre science est faite de connaissances acquises par nos prédécesseurs aux dépens de leur vie. Mais pour le coup de dés, l'expérience d'un coup précédent n'enseigne rien pour le coup suivant. Aussi le jeu de dés est-il l'idéal du jeu de hasard; on pense même qu'il y a un lien étymologique entre le jeu de dés et le mot hasard, soit que le mot hasard soit la transformation du vocable arabe qui signifie « dé », soit que, comme le raconte Guillaume de Tyr, un certain jeu de dés ait été appelé « hasart » pour avoir été inventé pendant le siège d'une ville qui portait ce nom.

Par rapport à un homme ou à un animal, l'activité d'un autre homme ou d'un autre animal entre toujours, pour une certaine part, dans l'ensemble de facteurs inconnus que nous avons défini hasard, puisque, dans cette activité vivante, il y a toujours des éléments que l'observé seul connaît, et que l'observateur ignore. C'est pour cela que j'ai spécifié plus haut que la définition du hasard était relative *à un être vivant donné*. Une mouche qui vole est pour moi un problème aussi mystérieux qu'un dé lancé, qui va tomber ; on a pu remplacer le jeu de dés par un système de morceaux de sucre tous semblables, sur lesquels on attend qu'une mouche se pose. Et cependant, on n'a pas l'habitude de dire que la mouche se pose, par hasard, sur un morceau de sucre donné. Les raisons qui l'y conduisent sont connues d'elle, si elles sont inconnues de nous, et nous avons instinctivement constitué une franc-maçonnerie comprenant tous les animaux. réservant quelquefois le nom de hasard aux phénomènes dans lesquels n'intervient pas l'activité consciente d'un être vivant. Le hasard est essentiellement une notion biologique, une notion du langage courant. Dans le langage de la mécanique universelle, il n'y aurait pas de hasard.

3° Enfin, l'intelligence d'un animal peut être désarmée vis-à-vis d'un fait dont il est le témoin averti, s'il n'a aucun moyen de l'empêcher, bien qu'en ayant prévu le résultat. Si les astronomes prévoyaient qu'un astre va heurter la Terre, la catastrophe effroyable où tout le genre humain disparaîtrait ne pourrait être évitée par l'effort combiné de toutes nos intelligences. Mais nous n'avons pas l'habitude d'employer le mot hasard dans ce cas, qui rappelle celui du destin prédit par les oracles et auquel nul n'échappait quoique prévenu.

Nous dirons plutôt, dans cette circonstance, que

nous avons découvert une loi naturelle, mais une loi naturelle que nous ne pouvons exploiter à notre profit. La question d'échelle[1] joue ici un rôle important, comme cela va se produire dans toutes les questions de hasard. Nous savons utiliser les lois qui concernent les phénomènes se produisant à notre échelle ou à une échelle inférieure; nous ne le savons pas, si ces lois concernent des phénomènes d'une échelle supérieure comme les phénomènes astronomiques dans lesquels nous ne pouvons intervenir. Nous sommes seulement capables de nous servir, quand nous les avons prévues, des conséquences qu'entraînent, à notre échelle, des manifestations d'une activité d'ordre plus élevé; ainsi pour les marées; mais nous aurions pu établir les lois humaines des marées sans connaître leurs relations avec la lune et le soleil.

Outre les cas qui appartiennent à l'une des trois catégories précédentes, il y en a d'autres qui, par divers côtés, peuvent se rapporter à plusieurs d'entre elles. Cela se produit quelquefois, par exemple, quand un médecin observe une maladie; il peut se heurter à une impossibilité de connaître les éléments morbides; à une insuffisante expérience de l'activité de ces éléments, s'il les connaît; enfin

---

[1] J'ai longuement étudié dans un livre récent (*Éléments de philosophie biologique*), l'importance de la question d'échelle en biologie.

même quand il connaît la maladie et en a l'expérience, il a une impossibilité d'intervenir efficacement. Et s'il intervient néanmoins, on ne peut nier qu'il intervienne au hasard. Y a-t-il même des cas où l'on ait le droit de ne pas le dire?

§ 58. — LES JEUX DE HASARD.

Les sciences expérimentales s'efforcent de laisser le moins possible au hasard. Quand une expérience est bien faite, quand on en connaît tous les éléments, on peut la reproduire aussi souvent qu'on le veut; on sait que les mêmes causes produisent les mêmes effets: mais il faut connaître *toutes* les causes ! Sans arriver à la perfection absolue, les progrès de la science nous permettent de nous placer aujourd'hui dans des circonstances où les craintes d'imprévu deviennent très minimes; nous fabriquons des machines excellentes, qui fonctionnent fort longtemps, et qui accomplissent exactement le programme fixé par le constructeur. L'idéal serait un appareil qui ne se détraquât jamais, et dont on pût prévoir rigoureusement le fonctionnement, un appareil avec lequel on pût braver le hasard. Il n'y en a pas de parfaits, mais il y en a de très bons.

Pour se reposer des recherches rigoureuses, les hommes ont imaginé des passe-temps au cours desquels leur intelligence ne pût pas être utilisée, dans lesquels, tout étant livré au hasard, aucune prévision ne fût possible. C'est là justement le contraire de l'idéal scientifique; mais le besoin de prévoir est tellement inhérent à la nature humaine, que la plupart des jeux de hasard ont été détournés de leur but. Je ne parle pas seulement des jeux savants comme le whist, dans lesquels le rôle du hasard est uniquement de fournir aux joueurs des combinaisons nouvelles et imprévues sur lesquelles ils puissent exercer leur sagacité. Au whist, le hasard répartit les cartes, puis les partenaires s'ingénient à faire de leur jeu un emploi aussi intelligent que possible; ils se livrent à un travail plus fatigant que certaines recherches mathématiques.

Même dans les jeux de pur hasard, les hommes, attirés par l'appât du gain autant que par le besoin de prévoir, s'imaginent volontiers qu'ils trouveront des combinaisons permettant de gagner à coup sûr. Et cependant, si cela était possible, le jeu serait mauvais et ne remplirait pas le but proposé.

Un jeu de hasard sera parfait *pour un joueur donné*, si le joueur ne peut *rien* prévoir des coups à venir. La perfection du jeu implique une ignorance absolue, de même que la perfection de la science consiste en une prévision absolue.

Il n'y a pas de science parfaite.

Existe-t-il une possibilité d'ignorance parfaite? Tous les événements du monde ne sont-ils pas plutôt, pour un observateur quelconque, dans une position intermédiaire par rapport à ces deux extrêmes dont aucun n'est réalisable? C'est là la première question qui doive nous préoccuper. Au lieu de prendre l'exemple classique du jeu de dés, dont la narration serait plus compliquée, choisissons parmi les jeux simples, celui que l'on considère ordinairement comme le type des jeux de hasard, le pair-impair, le rouge et noir.

§ 59. — LA LOI DES GRANDS NOMBRES.

Un jeu ordinaire de cinquante-deux cartes étant posé sur une table, le côté significatif tourné vers le bas, je coupe, et je note la carte sur laquelle j'ai coupé. Je bats vigoureusement, et je coupe de nouveau en notant encore la carte que j'ai trouvée, et ainsi de suite. J'obtiens une série qui se montre au premier abord dépourvue de toute régularité : valet de trèfle, neuf de cœur, deux de trèfle, sept de pique, etc. Suivant le point de vue adopté, cette série représente, soit un jeu de pair-impair, soit un jeu de rouge et noir. Dans les conditions où je me suis placé, il m'est rigoureusement impossible de prévoir le résultat d'un coup. Chaque coup est entièrement indépendant du coup précédent.

Si donc je dois risquer une somme d'argent sur un coup, je n'ai aucune raison de parier pour la rouge plutôt que pour la noire, quels que soient les coups qui viennent d'avoir lieu. En d'autres termes, que je connaisse ou que je ne connaisse pas la série des coups précédemment réalisés, je suis dans les mêmes conditions d'ignorance vis-à-vis du jeu que je vais couper.

Ceci est tellement évident que personne ne peut le discuter; un jeu de cartes étant posé sur une table, la carte que je tournerai ne dépendra que des conditions réalisées pendant l'opération, et aucunement du passé du jeu de cartes.

On pourra même, si l'on veut, prendre pour chaque coup un nouveau jeu de cartes et faire couper par un nouvel opérateur; dans ces conditions, chaque opération sera entièrement indépendante de la précédente. Et cependant, si la rouge vient de tourner dix fois de suite, on ne fera pas croire à un joueur qu'il n'a pas des raisons scientifiques de ponter sur la noire.

Il y a là une contradiction qui menace la raison humaine; c'est à cette contradiction inquiétante que sont imputables les défaillances intellectuelles et les superstitions douloureuses des personnes adonnées au jeu. On voit naître des colères terribles à une table de baccara, si celui qui n'a pas la main se permet de toucher aux cartes, et de leur communiquer ainsi sa bonne ou sa mauvaise chance[1]!

(1) Cette superstition ne sera pas diminuée si les joueurs ont lu l'ouvrage de Mæterlinck, auquel je faisais allusion plus haut.

Supposons que nous assistions au jeu défini plus haut *sans savoir de quelles unités est formé le jeu* de cinquante-deux cartes; nous nous proposons, par l'observation des coups successifs, de nous faire une idée de la nature des cartes contenues dans le paquet. C'est là une position scientifique analogue[1] à celle dans laquelle se trouve l'homme vis-à-vis de la nature dont il découvre peu à peu, et après coup, *a posteriori*, quelques secrets.

Si, pendant un grand nombre de coups, c'est toujours le valet de trèfle qui tourne, nous nous dirons sûrement, soit que le jeu se compose uniquement de valets de trèfle, soit que le carton portant le valet de trèfle est différent des autres, et se présente fatalement aux doigts de l'opérateur. Une observation prolongée nous aura fait découvrir une « loi », nous aura fourni du moins une présomption de loi, à laquelle nous nous tiendrons tant que rien ne nous prouvera que nous nous sommes trompés.

Sans nous placer dans un cas aussi simple que celui où une même carte tournerait toujours, supposons seulement que, pendant un très grand nombre de coups, la couleur rouge tourne environ trois

---

(1) Mais il faut avouer que la méthode d'investigation employée est peu avantageuse. Il serait plus simple de retourner toutes les cartes une à une. Supposons que nous n'en ayons pas le droit, et que nous soyons obligés de jouer à rouge ou noir pour nous faire une idée de la composition du jeu.

fois plus souvent que la couleur noire; nous ne manquerions pas de nous dire qu'il y a une raison à cela; nous chercherions cette raison, et cela nous conduirait à des hypothèses. Nous nous dirions, par exemple, qu'il y a plus de rouges que de noires ou que les cartons portant les figures rouges sont différents de ceux qui portent les figures noires et se présentent plus facilement aux doigts de l'opérateur.

Si enfin, au cours d'un très grand nombre de coups, il ne s'est manifesté que des différences minimes et de sens variable entre le nombre des rouges et celui des noires, nous en conclurons que le jeu est composé à peu près de la même manière en rouges et en noires. Une observation plus attentive nous fera connaître petit à petit toutes les figures de carreau, de cœur, de pique et de trèfle; en continuant indéfiniment, nous saurons à peu près exactement quelle est la composition du jeu.

Nous aurons suivi ainsi la méthode des sciences expérimentales; elle consiste à constater avec patience et précision les phénomènes naturels accessibles à notre investigation, et à en tirer des conclusions relativement à la constitution du monde. C'est là une méthode *a posteriori;* mais nous en tirons des conséquences qui nous permettent ensuite de raisonner *a priori*, pourvu que nous soyons sûrs qu'il n'y a rien de changé dans les phénomènes étudiés. Si pendant cent mille coups, nous avons fait des observations qui nous ont permis de croire à l'homogénéité d'un jeu de cartes quant à sa composition en rouges et noires, nous nous arrogeons le droit de prévoir que, pendant les cent mille coups suivants, le nombre des rouges tournées équivaudra encore à peu près à celui des noires; et dans le cas où l'observation ne confirmerait pas notre attente, nous en conclurions qu'il y a eu quelque chose de changé dans les conditions du jeu.

Cela posé, au lieu d'étudier *a posteriori*, par le jeu de rouge et noir, l'homogénéité d'un jeu donné, fabriquons, d'avance, un paquet de cartes vraiment homogène, dans lequel les figures rouges et les figures noires soient en nombre équivalent et peintes sur des cartons identiques; notre industrie sait réaliser aisément ce desideratum. Puis, connaissant d'avance notre jeu de cartes et son homogénéité, entreprenons une série de cent mille coups de rouge et noir. Notre ignorance, parfaite relativement à chaque coup isolé, ne l'est plus désormais relativement à l'ensemble des coups. Nous sommes certains que le nombre des coups rouges équivaudra, à peu de chose près, à celui des coups noirs. Nous en sommes certains parce que si le contraire se produisait, si le nombre des coups rouges se trouvait, par exemple, triple du nombre des coups noirs, nous serions en droit d'en conclure à un défaut d'homogénéité dans un paquet de cartes que nous savons homogène. Ce raisonnement par l'absurde est loin d'être satisfaisant pour notre esprit.

Il se formule de la manière suivante : Si un jeu de cartes est parfaitement exécuté, si toutes les cartes se ressemblent par le dos et par les bords, de manière qu'aucune d'elles n'attire plus particulièrement l'attention du joueur, nous ne voyons *aucune raison* pour que, au cours d'un très grand nombre d'opérations successives et semblables, l'une des couleurs sorte plus souvent que l'autre. Mais nous ne voyons aucune raison non plus pour que, une couleur étant sortie dix fois de suite, le paquet de cartes en soit modifié. Or, c'est là le raisonnement des joueurs. Si une série de dix rouges vient de se produire, il faudra, nécessairement, pour que la moyenne se rétablisse, que la couleur noire tourne plus souvent dans les coups à venir; ils pontent donc sur la noire, convaincus qu'il existe dans le jeu de cartes quelque chose de mystérieux, qui se souvient du passé! Un vrai joueur ne considérera pas comme identiques un paquet de cartes neuves et un paquet au moyen duquel on vient de réaliser une série. Ils le sont cependant. Comment concilier cette identité avec la croyance que, tôt ou tard, l'équivalence des rouges et des noires se manifestera?

On donne ordinairement le nom de *loi des grands nombres* à cette certitude que, dans un jeu de hasard réalisant des conditions homogènes pour deux adversaires, un nombre suffisant de coups doit rétablir la balance. Cette loi des grands nombres ne se présente pas à nous avec le degré de rigueur des autres lois naturelles; elle ne nous fait pas l'effet d'une nécessité inéluctable. Il n'y a pas de raison, cela est vrai, pour que la rouge sorte plus souvent que la noire, si l'homogénéité du jeu est réelle; mais il n'y a pas de raison non plus, pour que, à une période pendant laquelle la rouge s'est trouvée avantagée, succède une période qui favorisera la noire.

Et cependant, si, au cours d'une série prolongée, nous constations que la noire est sortie deux fois plus souvent que la rouge, nous conclurions à un défaut d'homogénéité dans le jeu.

Peut-être avons-nous tort d'employer le mot loi pour exprimer cette constatation ordinaire de l'équivalence des nombres de coups favorables aux deux partenaires, dans un jeu homogène dont on a usé assez longtemps. Une loi naturelle est l'expression d'une vérité dont la négation est impossible. Si un homme digne de foi venait nous dire : « Hier soir, seul sous ma lampe, j'ai joué à rouge et noir pendant plus d'une heure, avec un jeu de cartes d'excellente qualité, et sur six cents coups j'ai tourné six cents fois la couleur rouge ! » Aurions-nous le droit de douter de sa parole ? La seule chose que nous pourrions dire serait que son aventure est extraordinaire. Nous prendrions le jeu de cartes, nous ferions une série de rouge et noir dans laquelle les nombres s'équilibreraient par exemple au bout de deux cents coups; nous en conclurions que le jeu de cartes est homogène et qu'aucun vice de construction n'y favorise la couleur rouge. La série de six cents rouges nous paraîtrait donc un fait curieux, un fait rare et qui ne se réalisera peut-être plus jamais; mais cette série ne nous ferait pas crier au miracle. Nous n'avons pas le droit de la croire impossible[1]. Notre raisonnement par l'absurde ne nous satisfaisait pas, et nous avions des raisons de n'être pas satisfaits.

C'est, je crois, une croyance courante parmi les joueurs que jamais, de mémoire de croupier, la rouge n'a passé plus de vingt et une fois de suite; et en effet, dans un jeu vraiment homogène, les séries qui dépassent 8 ou 10 sont fort rares. Si donc une couleur vient de passer 21 fois de suite, un vrai joueur n'hésitera pas à risquer toute sa fortune sur le coup suivant, et, ce faisant, il commettra une folie, car le nombre 21 n'a rien de fatidique, et il n'y a aucune raison pour qu'il ne soit pas

---

(1) Et si une telle série de six cents s'était réalisée une fois, nous devrions penser que cette différence de six cents en faveur des rouges persistera ensuite indéfiniment, puisque, en commençant à compter les coups *après* la fin de cette série, nous devons, d'après la loi des grands nombres, trouver des nombres qui s'équilibrent. Mais au bout de plusieurs milliards de coups, la différence de six cents, si elle a persisté, sera devenue insensible.

détrôné ce jour-là même par le nombre 22 ou le nombre 23 dans les annales du jeu. La série de 23 rouges sera extraordinaire; elle n'est pas plus impossible que la série de 21. Il est illusoire de compter sur la loi des grands nombres pour prévoir le résultat d'un coup considéré isolément; et, par conséquent, même avec un jeu parfaitement homogène, l'idéal cherché pour les jeux de hasard est suffisamment réalisé malgré la loi des grands nombres. On pourrait cependant souhaiter, pour éviter un surmenage inutile du cerveau des joueurs qui s'acharnent à prévoir l'inconnaissable, que les jeux homogènes fussent remplacés par des jeux hétérogènes dont l'hétérogénéité serait changée à chaque coup; cela ferait disparaître ce dernier vestige de prévisibilité que constitue la loi des grands nombres; on serait dans le hasard absolu. Cela serait réalisé par exemple si un croupier non intéréssé dans le jeu, faisait pour deux adversaires la série des rouges et noires, avec un paquet de cartes qu'il aurait lui-même préparé à l'avance à sa fantaisie. Ainsi disparaîtrait même la loi des grands nombres, indice de l'homogénéité du jeu.

§ 60. — IL FAUT RAISONNER « A POSTERIORI ».

Quand, sur un coup isolé, et dont rien ne permettait de prévoir le résultat, une personne a gagné une grosse somme, on dit qu'elle *a eu* de la chance; si, à diverses reprises, la même personne a bénéficié de plusieurs hasards heureux, on dit d'une manière définitive qu'elle *a de la chance*. Étant donnée la mentalité superstitieuse des joueurs, la chance devient une propriété mystérieuse et enviable, dont la fortune peut gratifier tel ou tel être, au détriment des autres qui *ont la guigne*. Les individus adonnés au jeu n'ont pas le temps d'avoir l'esprit scientifique, et de faire en toute sérénité les observations desquelles il résulterait que la chance n'existe pas. Si, en effet, un heureux devient malheureux, on dit simplement que sa chance a tourné, et l'explication suffit à beaucoup. Il serait plus sage d'avouer que la chance se constate après coup, et ne permet pas de prévoir l'avenir. Solon le fit comprendre à Crésus, qui vérifia par lui-même ensuite l'instabilité de la fortune humaine.

Cependant, comme toutes les croyances humaines, et si peu scientifique qu'elle soit, l'idée de chance joue un rôle dans la vie; un homme, qui se croit doué d'une aptitude occulte dont ses voisins seraient privés, ose certaines choses que, réduit à ses seules forces, il n'entreprendrait pas; et le succès couronne quelquefois les entreprises hardies. *Audaces fortuna juvat*, dit la sagesse des nations.

Si ce proverbe se vérifie souvent dans la vie courante, grâce à l'activité plus grande que puise un homme dans la croyance à son étoile, il est tout à fait controuvé lorsqu'il s'agit des jeux de pur hasard. Les coups qui se succèdent ne dépendent aucunement de la mentalité des joueurs; celui qui, se croyant « en veine », risque une grosse somme sur un coup, gagne plus que s'il avait été moins hardi, pourvu qu'il gagne; mais s'il perd, il perd aussi davantage. Presque tous les joueurs qui, se fiant à un certain nombre de coups heureux, ont cru « avoir de la chance », se sont ruinés. La vraie sagesse consiste à raisonner comme Solon, et à déclarer seulement *après coup* qu'un homme a été heureux. En montrant la nécessité de conclure *a posteriori* dans les cas où nous ne possédons pas tous les éléments de la prévision des faits, le législateur athénien a été un précurseur de Darwin; la sélection naturelle a d'ailleurs été considérée par bien des esprits mystiques comme une providence analogue à la fortune; on l'a déifiée comme le Hasard.

La mentalité dégradée des joueurs montre combien est dangereuse et immorale l'habitude des jeux de hasard. Si on avait la sagesse de chercher seulement dans ces jeux un délassement aux occupations sérieuses, ce serait parfait; du moment qu'on attache un prix énorme à un coup de dés, on détruit toute l'œuvre du progrès humain. Les conquêtes successives de la Science, de l'expérience humaine, nous ont élevés au-dessus des autres animaux en nous permettant, au milieu de l'inconnu qui nous environne, de nous guider sur certaines lueurs pour éviter les maux et chercher les avantages. Le joueur ferme les yeux et renonce à toute la supériorité humaine; les loteries distribuant des fortunes doivent décourager les travailleurs consciencieux.

§ 61. — LA PROBABILITÉ D'UN COUP ISOLÉ.

Après un coup heureux et que rien ne permettait de prévoir, on déclare qu'un joueur a eu de la chance. Avant que le coup fût joué, on supputait *ses chances*, et, ce faisant, on commettait volontairement une erreur scientifique, puisque, si le jeu est bien conduit, il est impossible de prévoir en rien le résultat d'un coup isolé d'un jeu de hasard. Et cependant, non seulement on suppute les chances, mais on les calcule! On donne le masque scientifique à la chose la plus contraire à l'esprit des sciences. La « probabilité » d'un coup isolé *est une conception qui ne rime à rien;* quels que soient les coups précédents, le coup suivant est entièrement inconnu. Une fois qu'il est joué, il fait gagner un camp, et il fait perdre le camp opposé; ce qui est fait est fait, et il n'y a plus d'incertitude; avant que le coup fût joué, l'incertitude était complète; on ne pouvait parler de probabilité.

La nécessité de raisonner *a posteriori* deviendra

évidente, même pour ceux qui croient à la chance, s'ils veulent bien se livrer à un jeu de hasard sans avoir décidé d'avance le caractère auquel ils s'attacheront ensuite pour étudier les séries réalisées ; exécuter par exemple la série des coups de cartes que j'ai décrite plus haut, sans s'être dit d'avance qu'ils jouent à rouge et noir, à pair et impair, ou à tout autre jeu facile à définir. On notera sur un papier la liste des cartes tournées : valet de trèfle, neuf de cœur, deux de trèfle, sept de pique, etc. Je suppose que l'on ait joué ainsi trente-trois coups, par exemple. On trouvera sur le papier une série de trente-trois cartes bien déterminées. Si on avait donné d'avance aux joueurs cette série précise, lequel eût osé espérer qu'elle sortirait justement comme elle est sortie ? Évidemment, il n'y avait aucune raison pour que cette série sortît plutôt qu'une autre série de trente-trois cartes, et cependant elle est sortie ; c'est là un fait accompli, qui ne s'était peut-être jamais produit et qui, probablement, ne se reproduira plus.

Sans s'attacher à une chose aussi précise qu'une série de trente-trois cartes quelconques, on peut, après coup, chercher les caractères remarquables de la suite écrite sur le papier ; on verra, par exemple, que, comme jeu de rouge et noir, les trente-trois coups n'ont rien donné d'intéressant ; tout au plus y a-t-il une série de quatre rouges. Au contraire, à un autre point de vue, on trouvera que les cartes impaires se sont succédé quatorze fois ou qu'il y a eu sept cartes de suite dont le point était multiple de trois.

Tout cela, étudié après coup, ne présente aucun intérêt; l'important eût été de le prévoir; on ne le pouvait pas. Ce qui déroute l'esprit humain dans ces histoires de séries de cartes, c'est l'importance énorme que nous attribuons aux signes imprimés sur leur côté significatif. Pour tout individu qui ne regarde pas les cartes par le bon côté, ces signes n'existent pas; tous les coups que nous venons de réaliser sont identiques; c'est précisément pour cela que, le côté significatif n'existant pas dans la détermination des opérations réalisées, la série des cartes tournées constitue véritablement un jeu de hasard.

La probabilité d'un coup isolé ne signifie rien; il n'en est plus de même si, avec un jeu homogène, nous étudions un ensemble de coups assez nombreux. La variabilité du sens des différences limitées qui se manifesteront successivement entre le nombre des rouges et celui des noires, nous donnera une démonstration, peu précise il est vrai, de l'homogénéité du jeu. Cette « loi des grands nombres » sera une « loi de probabilité ». Une fois cette loi vérifiée, nous ne serons plus dans l'ignorance absolue relativement à l'*ensemble* des coups à venir, quoique restant dans l'état d'ignorance totale vis-à-vis de chaque coup pris en particulier.

Pour réaliser, même au point de vue de l'ensemble des coups, l'idéal de l'ignorance parfaite, il eût fallu employer successivement des jeux différents d'hétérogénéités fantaisistes.

Restons dans le cas de la probabilité. Quel sera le degré de précision de notre loi ! En d'autres termes, jusqu'à quel point, n'ayant à notre disposition que le droit de regarder une à une des cartes prises au hasard, et que nous remettons ensuite dans le jeu, pourrons-nous connaître au bout d'un très grand nombre de coups la composition du paquet? S'il n'y a que des rouges, nous le reconnaîtrons avec précision au bout de quelques milliers de coups, et cependant il nous restera une certaine appréhension, car il n'y a aucune raison absolue pour que toutes les cartes soient sorties sans exception; nous n'aurons jamais le droit d'affirmer qu'une noire existant dans le paquet ne sera pas, par hasard, restée cachée au cours de mille opérations successives. Une opération faite au hasard, comme nous en sommes convenus, ne nous donnera qu'une probabilité, jamais une certitude; mais la probabilité augmentera pour nous, à mesure que le nombre des coups sera plus grand.

S'il y a autant de rouges que de noires, nous en serons avertis par la presque identité des nombres de rouges et de noires et par la variabilité du sens des différences qui se manifestent entre ces deux nombres. Mais nous ne serons pas vite en mesure d'affirmer que l'égalité est rigoureuse entre les nombres des cartes des deux couleurs contenues dans le paquet. J'ai eu la patience de jouer plusieurs centaines de coups avec un jeu de cinquante-deux cartes auquel j'avais enlevé l'as de trèfle. A aucun moment je n'ai pu constater de différence me permettant de croire qu'il y eût une rouge de plus ; et même, plusieurs fois, les trèfles se sont trouvés en excédent. Notre loi des grands nombres n'a donc pas une précision très grande ; elle nous permet seulement de penser qu'il y a presque identité entre les nombres de rouges et de noires ; nous n'avons pas là un instrument de recherches d'une grande sensibilité ; il est vrai que les grands nombres sur lesquels nous opérons ne sont pas très grands.

S'il y a deux fois plus de rouges que de noires, une série suffisante de coups nous le montrera aussi à peu près, mais il ne me paraît pas possible que notre jeu soit assez précis pour distinguer un cas où il y a 13 noires et 26 rouges, d'un cas où il y aurait 25 rouges seulement contre 13 noires. Nous conclurons avec vraisemblance, d'un grand nombre de coups, que le rapport du nombre de cartes rouges au nombre de cartes noires est environ 1/2 ; mais ce sera tout. Notre méthode d'investigation semble trop grossière pour nous donner, au bout d'un nombre fini de coups, un résultat précis sur lequel nous puissions tabler.

On n'a pas l'habitude, il est vrai, pour se rendre compte de la composition d'un jeu de cartes, de se livrer au petit jeu que nous venons d'étudier; il est trop facile de regarder les cartes l'une après l'autre par leur côté significatif. Mais c'est l'inverse que l'on fait. Étant donné un jeu de cartes dont on connaît la composition, on joue au jeu de rouge et noir et l'on essaie de prévoir ce qui se passera. Aucun coup, c'est entendu, ne pouvant être prévu en lui-même; on peut prévoir grossièrement la proportion du nombre des rouges sorties au nombre des noires, quand on aura joué assez longtemps. Il faudra d'ailleurs jouer fort longtemps et le résultat ne sera jamais sûr; si, par exemple, on se sert d'un jeu contenant treize rouges et vingt-six noires, il ne faudra pas trop s'étonner de voir sortir d'abord six rouges; c'est à la longue que la proportion 1/2 se manifestera avec plus ou moins de précision. Il n'était pas inutile de prendre le problème par l'autre bout, car beaucoup de gens se sont étonnés devant le mystère de la loi des grands nombres; nous avons été obligés nous-mêmes, tout à l'heure, de recourir à son sujet, à la démonstration par l'absurde et de dire : Si le paquet contient un nombre égal de rouges et de noires, il n'y a pas de raison pour qu'il sorte plus de rouges que de noires, car s'il sortait toujours plus de rouges, on en conclurait qu'il y a plus de rouges dans le paquet, ce qui est contraire à l'hypothèse. A cette explication peu satisfaisante, nous avons substitué, en retournant la question, l'exposé d'une méthode bizarre d'investigation, méthode qui consiste à jouer à rouge et noir pour arriver à connaître le contenu d'un paquet de cartes ; nous avons constaté que cette méthode est grossière et ne saurait, en particulier, nous permettre d'évaluer avec une précision absolue le rapport du nombre des rouges au nombre des noires. Tout mystère disparaît ; nous restons seulement en presence d'une méthode fort grossière d'investigation.

§ 62. — LA PROBABILITÉ STATISTIQUE.

En jouant à rouge et noir avec un paquet de cartes de composition connue, nous ne pouvons prévoir aucun coup isolé, mais nous avons une idée du rapport approximatif des nombres de rouges et de noires qui seront sortis au bout de quelques milliers de coups. C'est ce qu'on appelle une probabilité. Le paquet de cartes étant de composition connue, nous ne sommes pas d'ailleurs dans un cas d'ignorance totale ; un tel cas ne serait réalisé que si l'on jouait avec un paquet de cartes de composition complètement inconnue. Encore cela ne durerait-il pas indéfiniment, car, au bout d'un nombre de coups assez grand, on aurait deviné la composition du jeu ; il faudrait en prendre un autre.

Les compagnies d'assurances sur la vie ont à résoudre des problèmes de probabilité ; mais elles ne se trouvent pas, elles non plus, dans le cas de l'ignorance totale, sans quoi elles ne sauraient établir leurs prix. Je suppose que, sans connaître la longévité moyenne des perroquets, les propriétaires de ces désagréables volatiles veuillent constituer une compagnie d'assurances sur la vie de leurs Jacquots respectifs ; ils seraient dans l'impossibilité de fixer avec quelque précision les primes à payer. Au contraire, quand il s'agit de la vie humaine dans un pays donné, on a des statistiques parfaitement établies ; l'on sait ce qui s'est passé dans un million de cas donnés, et l'on est en droit de prévoir que, dans des conditions analogues, une mortalité analogue se manifestera dans un million de nouveaux cas semblables aux précédents. Aussi les compagnies sont-elles assurées de leurs bénéfices, sauf le cas imprévu d'une épidémie nouvelle exerçant des ravages inaccoutumés. Là encore, il s'agit d'une probabilité portant sur une moyenne ; on en tire souvent des conclusions individuelles, et l'on commet ainsi une erreur comparable à celle des joueurs qui, après six coups de rouge, pontent avec sérénité sur la noire.

D'une statistique exécutée dans un pays donné, on conclut par exemple, que la moyenne de la longévité est 47 ans pour ceux qui ont atteint 36 ans ; un habitant pris au hasard aura-t-il le droit de se dire, le jour où il atteint sa 36ᵉ année, qu'il vivra jusqu'à 47 ans? Ce serait absurde; il mourra peut-être le lendemain, il vivra peut-être 95 ans. La seule chose dont il soit assuré est de ne pas mourir avant 36 ans. On ne l'empêchera pas cependant de se dire qu'il a *des chances* de vivre jusqu'à 47 ans, à cause des statistiques. Oh! le bon billet! Celui qui achète 50 numéros à la loterie a, d'après le langage courant, 50 fois plus *de chances* de gagner que celui qui n'en achète qu'un. Cette supériorité purement verbale dure jusqu'au jour du tirage, où le gros lot échoit au « père Bidart qui n'a qu'un billet ». La supériorité réelle ne se manifestera que s'il y a un grand nombre de numéros gagnants, quand on pourra raisonner sur des moyennes. Mais le gros lot seul intéresse, et il n'y en a qu'un.

C'est toujours la même erreur; les lois de probabilité ne sont valables que pour des moyennes, et on les applique à des cas particuliers. Les plus grands esprits de l'humanité ont commis cette erreur, tant est puissante la magie du langage courant qui parle de *chances* comme de choses ayant une existence réelle. Voici un passage de Laplace : « Supposons que l'on projette en l'air une pièce large et très mince dont les deux grandes faces opposées, que nous nommerons croix et pile, soient parfaitement semblables. Cherchons la possibilité d'amener croix, une fois au moins en deux coups. Il est clair qu'il peut arriver quatre cas également possibles, savoir, croix au premier et au second coup ; croix au premier coup et pile au second ; pile au premier coup et croix au second ; enfin pile aux deux coups. Les trois premiers cas sont favorables à l'événement dont on cherche la probabilité qui, par conséquent, est égale à 3/4 ; en sorte qu'il y a trois contre un à parier que croix arrivera au moins une fois sur deux coups[1] ». Ce raisonnement aurait une valeur si l'on répétait longtemps l'expérience ; alors il serait question de moyennes, et l'homogénéité du jeu étant parfaite par rapport à croix et à pile, on pourrait prévoir le résultat à peu de chose près et parier en conséquence. Si l'on ne doit jouer qu'une fois, le parieur à trois contre un aura gagné ou perdu. S'il gagne, il ne gagne qu'un tiers de sa mise ; s'il perd, il perd sa mise tout entière, et c'est pour lui une mince consolation d'avoir eu, avant que le coup fût joué, trois chances sur quatre de gagner. Ces chances sont monnaie bien creuse quand il s'agit d'un coup isolé.

En renonçant à s'occuper de la prévision impossible d'un coup de hasard étudié seul, on pourrait donner, sans convention aucune, une définition de la probabilité ; cette définition serait, comme toutes les bonnes définitions humaines, une définition

---

[1] De Laplace : *Essai sur les probabilités*, p. 12.

a posteriori, un résultat d'expérience. D'un jeu homogène de rouge et noir, j'ai tiré pendant cinq cents coups des nombres à peu près équivalents de rouges et de noires ; il sera probable que, dans cinq cents autres coups, une équivalence de même ordre se manifestera. Voilà la vraie loi des moyennes. Mais si je traduis cette loi dans le langage relatif à la prévision d'un coup isolé, si je dis que la probabilité pour amener rouge *cette fois-là* est égale à 1/2, je dis une chose qui n'a aucun sens ; le coup donnera un résultat et un seul ; ce sera rouge, ou bien ce sera noir ; voilà tout ce que nous avons le droit de dire ; la valeur du mot *chances* n'est réelle que si l'on joue un grand nombre de coups. Il est donc au moins inutile d'exprimer d'abord la loi de probabilité relativement à un coup isolé, puisqu'on doit être obligé ensuite d'envisager un grand nombre de coups pour donner un sens à cette loi. Mais le mot chance est trop courant ; on ne voudra pas raisonner de cette façon !

§ 63. — LA LOI DES GRANDS NOMBRES ET LA QUESTION D'ÉCHELLE.

L'histoire de la théorie cinétique des gaz est bien intéressante au point de vue des questions de probabilité. « La Théorie cinétique des gaz est, dit

M. Poincaré[1], une hypothèse bien connue, où chaque molécule gazeuse est supposée décrire une trajectoire extrêmement compliquée, mais où, par l'effet des grands nombres, les phénomènes moyens seuls observables, obéissent à des lois simples qui sont celles de Mariotte et de Gay-Lussac. »

C'est parce que les gaz vérifient les lois de Mariotte et de Gay-Lussac, que l'on a été amené à faire sur leur nature l'hypothèse qu'est la théorie cinétique. On a choisi les propriétés des projectiles hypothétiques de dimension moléculaire, de manière qu'il fût ensuite possible de prévoir que les chocs d'ensemble de ces projectiles sur une paroi déterminent des pressions vérifiant la loi de Mariotte.

C'est exactement ce que nous faisions tout à l'heure quand, ayant obtenu, au moyen du paquet de cartes de composition inconnue, des nombres de coups rouges et de coups noirs à peu près équivalents, nous émettions l'hypothèse de la composition homogène du paquet en rouges et en noires. Cette hypothèse admise, nous pouvions prévoir que, toutes choses égales d'ailleurs, une nouvelle série d'un grand nombre de coups donnerait encore à peu près les mêmes nombres de rouges et de noires.

Mais, nous le faisions remarquer, notre jeu de

[1] *La Science et l'Hypothèse*. p. 217.

rouge et noir était une méthode grossière et peu satisfaisante pour arriver à connaître la composition du paquet; de même, la connaissance de la loi de Mariotte est un document bien insuffisant pour permettre la découverte des particularités qui sont, chez les gaz, de dimension moléculaire. La preuve en est que divers savants ont émis, sur les projectiles moléculaires des gaz, des hypothèses différentes.

Ce qu'il y a de commun à toutes les hypothèses cinétiques relatives à la constitution des gaz, c'est au moins que pour un gaz homogène, les molécules ont toutes des propriétés identiques. Ces molécules sont identiques au point de vue des chocs qu'elles peuvent déterminer sur une paroi, comme les cartes d'un paquet ordinaire sont identiques pour les doigts de l'opérateur qui joue. Par des jeux de couleurs, insensibles aux doigts, nous avons pu créer, pour la vue, des différences énormes entre différentes cartes; mais, pour un opérateur doué seulement de sensibilité tactile les cartes ne diffèrent pas les unes des autres, et tous les coups du jeu de rouge et noir sont identiques. Nous pourrions de même supposer que **chaque** molécule gazeuse a une individualité qui la distingue de toutes les autres; nous pourrions supposer qu'un observateur, de la même dimension qu'elles, a doté chacune d'elles d'un numéro, et a été assez fou pour risquer toute sa fortune sur l'espérance du contact du numéro 2743 avec la paroi du vase. Cet observateur aura institué ainsi, à son échelle, un gigantesque jeu de loto; il se trouvera exactement dans le même cas que nous avec nos jeux de hasard.

Et si, au lieu de s'en tenir à un coup isolé, il tient compte d'un très grand nombre de coups, il arrivera à constater, malgré le hasard parfait qui préside au choix des numéros venant choquer la paroi, une loi des grands nombres qui sera notre loi de Mariotte.

Cette simple comparaison nous fait toucher du doigt l'importance de la question d'échelle dans l'interprétation des questions de probabilité. Notre jeu de cartes, avec ses différences individuelles insensibles au toucher, aura été un modèle artificiel qui nous aura conduits à une observation bien plus sérieuse, que l'on peut formuler ainsi : l'indétermination dans les éléments d'un phénomène observés à une échelle, peut correspondre à une détermination parfaite du phénomène total observé à l'échelle supérieure. Ce qui est hasard, dans un gaz, pour un observateur de la dimension des molécules, est loi pour nous, parce que nous observons une synthèse dont l'*homunculus* moléculaire observe les éléments.

Il ne faudrait pas croire, cependant, que la *loi* observée à notre échelle pourrait résulter d'une indétermination absolue des mouvements de l'échelle inférieure. Des molécules quelconques, animées d'un mouvement quelconque, ne conduiraient pas à la loi de Mariotte[1]; mais, étant donnée la loi de Mariotte, nous pouvons imaginer un grand nombre de modèles de mouvements des molécules gazeuses, tels que la synthèse de ces mouvements à notre échelle vérifie la loi de Mariotte. Il suffira d'assujettir nos molécules à un certain nombre de conditions qui en laisseront plusieurs autres indéterminées; les conditions indéterminées qui, pour l'observateur à l'échelle moléculaire, donneront à chaque trajet de molécule une indétermination parfaite, *devront disparaître* dans la synthèse dont nous connaissons le résultat à l'échelle supérieure. Tout modèle qui remplira ce *desideratum* sera bon.

La même chose se produisait avec notre jeu de cartes. Un jeu de cartes *quelconque*, servant à jouer au rouge et noir, n'eût pas conduit à une équivalence aproximative des nombres de coups rouges et de coups noirs. L'observation *a posteriori* de cette équivalence nous a, au contraire, permis de deviner l'*homogénéité* du jeu de cartes. Ainsi, le mystère s'éclaircit. L'indétermination nous paraît

---

(1) En d'autres termes, il sera facile d'imaginer des molécules dont l'ensemble vérifie tout autre chose que la loi de Mariotte, de même qu'on peut constituer un jeu de cartes dans lequel le nombre des coups rouges soit différent de celui des coups noirs.

absolue pour un coup isolé, et elle est de fait absolue pour l'observateur qui se place uniquement au point de vue de ce coup isolé. Qu'il y ait une cause d'indétermination permettant d'hésiter entre le rouge et le noir, ou qu'il y en ait vingt, la situation du joueur qui ponte sur un coup sera la même. Mais s'il n'y a qu'une cause d'indétermination, et que cette cause d'indétermination soit choisie *de telle manière qu'elle disparaisse dans la synthèse du nombre total des coups*, il en résultera une loi pour le croupier qui, au lieu de s'attacher à chaque coup isolément, s'attache à la balance d'un grand nombre de coups.

Avec une indétermination absolue, le croupier serait ruiné aussi sûrement que la plupart des joueurs.

En d'autres termes, la loi des grands nombres est la constatation à une échelle supérieure d'une loi qui, observée à l'échelle inférieure était *masquée* par des phénomènes accessoires. Croire qu'un ordre quelconque peut provenir du désordre parfait est une simple absurdité. L'ordre, à une échelle, peut, au contraire, provenir de l'ordre à l'échelle inférieure, quoique cet ordre soit masqué à l'échelle inférieure par des causes de désordre qui s'annulent dans la synthèse. L'étonnement des philosophes devant la mystérieuse *loi des grands nombres* est le même que celui des enfants devant ce jeu de divination qui les intrigue au plus haut point :

« Pensez un nombre ; doublez-le ; ajoutez-y 14 ; divisez le tout par 2 ; *retirez du résultat le nombre que vous avez pensé.* » Et quand l'opération est terminée, opération d'autant plus mystérieuse que l'enfant, ayant plus de peine à la faire, oublie plus facilement la série des choses qu'on lui a demandées, le devin proclame : « il vous reste 7 ». Et l'enfant est plein d'admiration de ce que le devin a pu lire ainsi dans sa pensée. Nous sommes dans la même situation devant la loi des grands nombres. Nous nous étonnons que l'indétermination absolue conduise à un résultat précis, parce que nous ne remarquons pas que l'indétermination est partielle et disparaît dans la synthèse. La véritable indétermination, au jeu de rouge et noir, serait réalisée si l'on jouait avec un paquet de cartes de composition inconnue, et si l'on changeait de paquet avant que la constatation du résultat d'un grand nombre de coups eût permis d'acquérir, au sujet de sa composition, une présomption de loi, avant qu'on eût pu se dire, par exemple : il y a deux fois plus de rouges que de noires, ou quelque chose d'analogue.

J'ai déjà fait remarquer précédemment que les compagnies d'assurances exploitent aussi, non pas une indétermination absolue, mais une *loi* connue par une observation prolongée ; si la longévité de l'homme était quelconque, il n'y aurait plus de prévision possible pour la fixation des primes. Je montrerai tout à l'heure que Darwin, croyant bâtir sur le hasard sa théorie de la formation des espèces, a simplement, sans s'en douter, mis en évidence des lois rigoureuses que les hasards individuels ne peuvent éluder; c'est surtout dans cette histoire du Darwinisme que la question d'échelle sera d'une importance évidente.

§ 64. — DÉTERMINATION A L'ÉCHELLE SUPÉRIEURE; INDÉTERMINATION A L'ÉCHELLE AU-DESSOUS.

La loi des grands nombres est encore un sujet d'étonnement à cause de ce fait que le résultat, approché seulement à l'échelle inférieure, est rigoureux à l'échelle supérieure. Si nous jouons très longtemps à rouge et noir, nous constatons, il est vrai, quelquefois une égalité parfaite des nombres de coups rouges et de coups noirs; mais le plus souvent il y a entre les deux nombres des différences qui varient et qui changent de sens, qui sont tantôt de 5, tantôt de 15, de 25 même ou plus, mais qui restent toujours du même ordre de grandeur quel que soit le nombre de coups joué, c'est-à-dire qu'il n'y a pas lieu de constater qu'elles soient plus grandes quand on a joué un milliard de coups que quand on en a joué mille. Importantes pour le joueur qui ponte sur les coups isolés, ces différences disparaissent devant le nombre croissant des coups joués. De même pour les molécules des gaz; importantes pour l'observateur à l'échelle moléculaire qui s'en sert pour jouer au loto, les différences fortuites qui se manifestent dans leur histoire disparaissent pour l'observateur qui, à l'échelle supérieure, étudie la loi de Mariotte; que 20 molécules, de plus ou de moins que le compte, aient frappé la paroi, la mesure de la pression produite n'est pas modifiée *sensiblement*. Les mathématiciens, habitués à parler d'*infiniment petits de divers ordres*, c'est-à-dire, à introduire aussi dans leurs calculs la question d'échelle, diront que ces 20 molécules de plus ou de moins constituent pour le physicien une quantité d'*ordre* inférieur. Ce qui est précision à une échelle est imprécision à l'échelle au-*dessous*. De même, ce qui est déterminé à une échelle peut être partiellement indéterminé à l'échelle au-dessous, ou plutôt, là où, pour l'homme observateur, il y a détermination à une certaine échelle, il reste néanmoins, pour l'homme aussi, la possibilité de plusieurs analyses *différentes* du phénomène observé en phénomènes partiels de l'échelle inférieure. Ces analyses possibles ne seront limitées que par la nécessité de voir reproduire par la synthèse de leurs éléments le phénomène observé à une échelle supérieure.

Au contraire, si des phénomènes sont déterminés à une échelle, la synthèse de ces phénomènes à une échelle *supérieure* est également déterminée. Il n'y a plus d'hésitation possible; il est donc bien préférable, quand c'est possible, d'étudier d'abord les propriétés des éléments pour conclure ensuite aux propriétés du complexe d'éléments. En biologie, par exemple, il vaut bien mieux commencer par étudier les protoplasmas, et conclure de leur étude à celle de l'homme, que de passer de l'étude de l'homme à celle des protoplasmas qui le constituent. On sait d'ailleurs quelles hypothèses invraisemblables ont échafaudées ceux qui, ayant étudié l'homme à leur échelle, ont essayé, avant l'invention du microscope, de se faire une idée de sa structure et de son fonctionnement. Ils avaient le champ libre, n'ayant aucun moyen d'étude directe. Il suffisait que les éléments imaginaires dans lesquels ils avaient décomposé l'homme réalisassent, par leur action combinée, ce qu'ils croyaient être l'activité de l'homme. L'animisme et le micromérisme ont été des conséquences de cette méthode.

La plupart des lois naturelles connues sont, comme la loi de Mariotte, des lois qui se manifestent à une certaine échelle; si nos moyens d'investigation ne nous permettent pas d'étudier directement ce qui se passe à l'échelle inférieure, nous pouvons toujours imaginer, à cette échelle inférieure, des phénomènes partiellement indéterminés, et dont la loi de l'échelle supérieure soit la loi des grands nombres. Donc, détermination à l'échelle où l'on étudie directement les phénomènes; indétermination si l'on veut se servir de la loi établie à cette échelle pour imaginer le monde de l'échelle inférieure; c'est une règle générale. Les jeux de hasard nous ont conduits naturellement à cette conception; il ne faut pas croire, comme on l'a dit souvent, que c'est l'ignorance de l'opérateur qui est la cause de la vérification de la loi des grands nombres. L'ignorance dans laquelle est maintenu l'opérateur, dans le cas d'un jeu de cartes bien fait, a pour résultat d'empêcher que l'opérateur introduise volontairement, dans la série des rouges et noires, une cause d'indétermination autre que celle qui y a été indroduite quand on a institué le jeu. Cette indétermination voulue disparaît dans la loi des grands nombres, et l'influence de l'opérateur aussi, pourvu que cette influence soit réglementée elle-même par la construction du jeu.

§ 65. — LE HASARD ET LA SÉLECTION NATURELLE.

Darwin a étonné le monde en lui enseignant que les caractères les mieux adaptés, les mieux coordonnés des êtres vivants, sont l'œuvre du hasard. Cette manière de parler est utile pour permettre de repousser la croyance à une création faite de toutes pièces par une intelligence supérieure préexistante; mais, à la bien considérer, on la trouve fautive, et il serait injuste de la reprocher à Darwin qui, au moins sous cette forme, ne l'a pas employée. D'abord, le hasard qui s'appelle sélection naturelle n'entre pas dans la définition que nous avons donnée précédemment du hasard en général. Il n'y est pas question de l'ignorance, pour tel ou tel, des activités qui composent l'ensemble considéré ; le hasard de Darwin, c'est l'activité universelle, c'est la nature, mais la nature non consciente, non finaliste, non prévoyante, la nature aveugle.

J'ai montré, dans plusieurs ouvrages [1], que les vérités énoncées par Darwin sont des vérités de La Palisse énoncées après coup. La sélection naturelle n'est pas un facteur proprement dit de l'évolution des espèces, mais un procédé de narration ; et ce qui a fait son succès prodigieux, c'est que les hommes sont épris de raisonnements finalistes, et que Darwin a su donner une apparence finaliste à un raisonnement *a posteriori*. Prenons la question au point de vue du hasard. Les êtres vivants, étant en lutte constante avec l'ambiance, sont sujets à des défaites et capables de victoires. Il y a des hasards qui tuent ; il y en a d'autres qui conservent la vie ou qui du moins, ne l'empêchent pas de continuer.

Les hasards qui tuent ne nous intéressent pas au point de vue de la formation des espèces ; les lignées qui se sont prolongées jusqu'à nous n'ont jamais été interrompues par la mort ; aucun de ses membres n'a rencontré, au moins avant l'âge de

---

(1) V. *Les Limites du connaissable* et *Traité de Biologie*.

la reproduction, le hasard qui tue ; sans quoi il n'aurait pas laissé de descendance, et nous n'aurions pas à l'étudier.

Tous les êtres que nous connaissons ont donc été favorisés par le hasard ; devons-nous en conclure que c'est le hasard qui a *dirigé* leur évolution ? Voici une comparaison qui montrera l'illégitimité d'un pareil langage.

Dans la célèbre expérience de Pfeffer sur la chimiotaxie, des anthérozoïdes mobiles de Fougère sont répandus dans une goutte de liquide, et y sont soumis à des mouvements capricieux vis-à-vis desquels nous sommes dans l'ignorance totale ; ces anthérozoïdes mobiles se meuvent au hasard. Pfeffer introduit dans une région de la goutte l'extrémité ouverte d'un tube capillaire contenant une solution d'acide malique qui attire les anthérozoïdes. Cela n'empêche pas les anthérozoïdes de continuer à se mouvoir au hasard, car il y a d'autres causes de mouvement pour eux que l'attraction par l'acide malique ; mais *si aucune de ces causes de mouvement n'est capable de lutter victorieusement contre l'attraction vers le tube capillaire*, le résultat au bout d'un temps suffisant sera que tous les anthérozoïdes auront été attirés dans le tube. Ces anthérozoïdes se mouvaient au hasard ; un observateur non prévenu de l'existence du tube de Pfeffer aurait pu croire qu'il se mouvaient entièrement au hasard, tant la composante vers le tube était faible par rapport à leurs autres mouvements. Et cependant personne ne dira que c'est le hasard qui les a conduits tous dans le piège à acide malique. Le hasard ne les a pas empêchés d'y venir petit à petit : voilà tout.

De même pour les lignées animales qui se sont prolongées jusqu'à nous. Le hasard ne les a pas empêchées de se prolonger ; elles n'ont pas rencontré le hasard qui tue. Tous les hasards avec lesquels elles se sont mesurées ne les ont pas empêchées de rester vivantes, de se soumettre aux lois de la vie ; et ce sont les lois de la vie qui, *appliquées malgré les hasards*, ont fait de leurs descendants actuels ce qu'ils sont. Là encore, comme toutes les fois qu'il a donné quelque chose de coordonné, le hasard ne faisait que masquer une loi. La clause « sous peine de mort », qui est la clause biologique par excellence, a *canalisé*[1] le hasard pour les lignées qui n'ont pas rencontré le hasard mortel. Mais le hasard canalisé, c'est le hasard dompté par les lois de la matière vivante. Le hasard canalisé, c'est l'éducation spécifique ; tout hasard qui ne tue pas fait partie de l'éducation. Loin de moi l'idée de nier l'importance de l'éducation — et du hasard, par conséquent — dans la formation des espèces ; chaque fonctionnement d'un être vivant est susceptible d'être représenté, comme nous le disions plus haut, par la for-

---

[1] J'ai employé cette expression il y a quelques années déjà dans : *Les Influences ancestrales*.

mule symbolique (A $\times$ B), et il est certain que la série des facteurs B, l'éducation individuelle, l'éducation spécifique, est l'un des facteurs du résultat final, l'état actuel de l'être coordonné ; mais le fait que cet être est *adapté* et *coordonné* est la conséquence des propriétés de A, des lois de la vie et non du hasard. Une autre lignée, issue du même ancêtre, aurait conduit, à travers des hasards différents, à un être *différent* mais également *coordonné*. La coordination, le mécanisme admirable des êtres vivants actuels, sont le résultat *des lois de la vie*. La sélection naturelle n'est qu'une manière de raconter comment, dans la lignée considérée, ces lois se sont appliquées sans interruption jusqu'à ce jour. Tout ce qu'a fait le hasard, c'est de ne pas arrêter la lignée ; les lignées venues jusqu'à nous n'ont pas rencontré le hasard qui tue ; voilà le rôle du hasard dans l'explication de la *coordination* des espèces actuelles.

En d'autres termes, et pour mieux mettre en évidence l'existence des lois biologiques : un homme qui connaît aujourd'hui un animal, ne peut pas prévoir ce que cet animal deviendra, puisqu'il ne connaît pas les circonstances qu'il traversera ; mais il peut affirmer que, *s'il reste vivant*, il sera adapté au milieu, ce qui est la définition de la vie.

Contrairement à Darwin qui a masqué aussi bien que possible l'activité personnelle des êtres vivants dans la lutte contre le milieu, Lamarck a, au contraire mis en évidence cette lutte individuelle et l'a considérée comme le phénomène essentiel de la vie. C'est sur cette question que roule toute la lutte entre les deux écoles. Le Darwinisme n'explique pas la coordination de l'homme : le Lamarckisme l'explique. En revanche, dans les cas où le mécanisme d'ensemble joue un rôle minime, comme cela a lieu chez les végétaux, le Darwinisme *peut* sembler suffisant. J'ai montré dans un ouvrage récent[1] que l'on peut mettre les deux écoles d'accord en divisant le mécanisme des animaux supérieurs dans ses éléments vivants les plus petits, cellules ou même parties constitutives de cellules. Alors le Darwinisme appliqué purement et simplement à ces éléments les plus petits, conduit au Lamarckisme si l'on considère l'animal dans son ensemble. C'est toujours la loi des grands nombres et la question d'échelle : loi à l'échelle supérieure (Lamarckisme) ; le phénomène *semble* régi par le hasard à l'échelle inférieure (Darwinisme). Ici le mystère de la loi des grands nombres est percé à jour : c'est parce que tous les éléments de l'échelle inférieure sont doués de *vie élémentaire* que leur union donne la *vie* à l'être de l'échelle supérieure ; ce n'est pas avec du hasard seul que l'on fait une loi.

Un cas se présente, dans la vie de quelques ani-

---

(1) *Lamarckiens et Darwiniens.*

maux, où la coordination à l'échelle supérieure résulte d'un désordre parfaitement organisé à l'échelle inférieure; c'est le cas de la métamorphose. A un moment donné, des éléments nouveaux se mettent à proliférer au sein des tissus préexistants d'une fourmi non adulte. Des éléments anciens sont condamnés à mort, des éléments migrateurs ou phagocytes se multiplient et dévorent les cellules condamnées. C'est, en apparence, le chaos absolu. C'est la Révolution. Et puis tout s'arrange, et l'image sort admirablement coordonnée de cette période de troubles. Toujours la question d'échelle.

Une remarque importante, et sur laquelle a particulièrement insisté Ch. Pérez [1] à propos des métamorphoses des fourmis, c'est que l'*histogénèse* (production des tissus nouveaux) commence toujours avant l'*histolyse* (destruction des tissus anciens). Cela permet de généraliser à la biologie la formule dans laquelle j'ai proposé [2] de condenser le principe de Carnot pour la physique : « La nature ne fait pas crédit. » Elle ne se fait pas crédit à elle-même, et paie toujours d'avance. Nos révolutions auraient peut-être un résultat plus durable, si nous imitions la sage nature, et si nous construisions avant de détruire, laissant à nos constructions nouvelles le soin de faire effondrer les vieux édifices sociaux.

(1) Thèse de doctorat, 1902.
(2) V. plus haut, épigraphe du chapitre V.

§ 66. — LES PRÉTENDUES LOIS DU HASARD.

L'étude précédente était déjà à peu près terminée quand a paru, dans la *Revue du Mois,* un nouveau travail de M. Poincaré, sur le hasard. Et, ce qui prouve que la question préoccupe beaucoup d'esprits, le même numéro de la même *Revue* contenait encore une autre discussion sur le même sujet.

Ce n'est pas la question même du hasard qui intéresse, car nous n'avons pas à nous étonner d'ignorer beaucoup de choses, et par conséquent de ne pouvoir tout prévoir. Ce qui frappe, c'est la loi des grands nombres, qui se manifeste dans les cas où il *semble* que nous ignorions tout dans la détermination de chaque coup isolé. Mais on devrait ne pas oublier les précautions minutieuses dont il faut s'entourer, quand on institue un jeu du hasard pour que la loi des grands nombres se vérifie, c'est-à-dire, en langage de joueur, pour que les chances soient égales. Il faut un jeu homogène ; il faut un croupier honnête, etc. Toutes ces nécessités indiquent bien que l'on n'est pas dans le cas d'ignorance totale, bien que chaque coup isolé ne puisse être prévu.

Ce qui m'a le plus frappé dans l'article de M. Poincaré, c'est son souci de définir le hasard. J'en ai donné, sans trop chercher, parce qu'elle se présente naturellement à tous, une définition qui me paraît suffisante, M. Poincaré commence aussi par donner cette définition, mais il se ravise aussitôt, parce qu'il pense à la loi des grands nombres, au calcul des probabilités ; et cette mystérieuse loi des grands nombres l'amène à dire : « Il faut donc bien que le hasard soit *autre chose* que le nom que nous donnons à notre ignorance, que, parmi les phénomènes dont nous ignorons les causes, nous devions distinguer les phénomènes fortuits, sur lesquels le calcul des probabilités nous renseignera provisoirement, et *ceux qui ne sont pas fortuits*, et sur lesquels nous ne pourrons rien dire tant que nous n'aurons pas déterminé les lois qui les régissent. »

Je raisonnerais volontiers d'une façon exactement inverse. Ayant défini le hasard par notre ignorance, notre impossibilité de prévoir, je constate après coup que, dans certains cas, notre ignorance, parfaite pour un coup isolé, ne l'est plus pour un grand nombre de coups ; que, dans d'autres cas, notre ignorance parfaite pour un coup isolé, l'est encore pour un grand nombre de coups considérés dans leur ensemble. Autrement dit, pour employer notre langage des échelles, il y a certains cas où notre ignorance à une échelle inférieure masque une loi qui se révèle à une échelle supérieure ; il y a d'autres cas où notre ignorance est aussi complète à l'échelle supérieure. Je n'aurais jamais idée de dire que les premiers phénomènes sont fortuits et que les seconds ne le sont pas; *je dirai, au contraire, que les seconds le sont davantage.* La définition du hasard est *antérieure* à la découverte de la loi des grands nombres qui régit *quelques* jeux de hasard. Je ne vois aucune raison pour faire entrer dans la définition du hasard la notion de probabilité qui lui est postérieure. Et, si on le faisait, il faudrait créer un vocable nouveau pour parler de ces phénomènes que nous ne pouvons prévoir et auxquels ne s'applique pas le calcul des probabilités.

Si, par exemple, comme je l'imaginais précédemment, on jouait à rouge et noir avec un paquet de cartes de composition inconnue, en changeant le paquet avant qu'un nombre suffisant de coups eût donné une idée de sa composition, si l'on jouait ainsi pendant longtemps, avec des paquets différents de composition fantaisiste, le jeu de rouge et noir ne serait plus pour M. Poincaré un jeu de hasard, car la loi des grands nombres ne s'y vérifierait plus. Cette manière de parler n'est-elle pas abusive? C'est, je pense, à cet abus de langage, qu'est dû le paradoxe que réédite M. Poincaré après Joseph Bertrand : « Tout ce que nous venons de dire ne nous explique pas encore pourquoi *le hasard obéit à des lois.* » Les préoccupations d'ordre métaphysique que fait naître la loi des grands nombres tireront un aliment regrettable d'une telle manière de s'exprimer. Il vaut mieux définir franchement le hasard par notre ignorance; puis, *dans certains cas*, nous constaterons que des faits qui, isolément, sont des faits de hasard, donnent, par leur accumulation, des moyennes soumises à la loi des grands nombres; et, dans chacun des cas, il faudra chercher la raison pour laquelle l'ignorance disparait par l'accumulation des coups. J'ai donné précédemment plusieurs exemples des lois masquées à l'échelle inférieure et devenant évidentes par les grands nombres.

Il n'y a pas de lois du hasard.

Je ne me permettrai pas de discuter la démonstration de M. Poincaré relativement aux petites causes qui produisent de grands effets. Pour l'illustre mathématicien, cette particularité est nécessaire à la définition du hasard. Je vois, dans tous les phénomènes actuels, envisagés d'une certaine manière, de petites causes produisant de grands effets. Mais je ne m'aventurerai pas sur un terrain où le pied me manquerait trop souvent. Je crois seulement utile de demander qu'on adopte, pour parler de ces questions qui ont fait dérailler tant d'intelligences, un langage vraiment clair, et ne conduisant pas à des contradictions apparentes, qui fournissent un aliment dangereux à notre mysticisme héréditaire.

CHAPITRE XIII

Les mesures.

§ 67. — IMPERSONNALITÉ DE LA MESURE.

La mesure est une opération par laquelle un homme, ayant étudié un objet extérieur, définit l'une de ses qualités dans un langage tel qu'un autre homme puisse utiliser le renseignement ainsi donné pour reconnaître l'objet auquel il se rapporte. Pour qu'un objet soit aussi bien défini que possible par des mesures, il faut que ces mesures soient relatives à toutes les qualités de ce corps qui nous sont connues : forme visuelle, forme tactile (rugosité, poli, etc.), couleur, sonorité, odeur, saveur, température, etc. L'ensemble des mesures relatives à un corps constitue le signalement de ce corps.

Pour chaque qualité, dans chaque canton sensoriel, il faudra des points de repère ; c'est par rapport à ces points de repère que l'on appréciera la valeur particulière de la qualité correspondante dans le corps considéré. Il faudra que les points de repère aient été choisis d'un commun accord par tous les hommes, et que des noms leur aient été conventionnellement accordés. La couleur, par exemple, s'appréciera au moyen de gammes de couleurs; mais il faudra de nombreuses gammes préparées d'avance pour arriver à définir convenablement la couleur d'un objet. Je vois en ce moment, par ma fenêtre, dans les champs et les landes, des verts très différents, je reconnais des ajoncs, des genêts, du seigle, de l'avoine, de l'orge, du trèfle, du jonc de marécage ; chacune de ces plantes a un vert particulier que je connais par une longue habitude, et qui me suffit même à reconnaître les céréales dans les champs les plus éloignés. Si je veux décrire chacun de ces verts, je serai très embarrassé; je prendrai volontiers pour points de repère tous ces verts que je connais, et je dirai : vert-seigle, vert-jonc, etc.; ce sera un langage compréhensible pour tous les hommes qui connaissent les plantes. Mais si je suis réduit à cette série de verts et qu'on m'apporte un chou ou un pin, je ne pourrai pas cataloguer sa couleur. Il me faudra des repères nouveaux.

Une science, ai-je dit précédemment, naît de la découverte d'un procédé de mesure. La science des couleurs devra donc être précédée des conventions chromatométriques. Jean d'Udine[1] a fait un heureux essai de chromatométrique : il s'est heurté à des difficultés considérables et a été obligé en particulier de considérer, pour chaque couleur, six qualités élémentaires, séparément mesurables. Chacune de ces qualités élémentaires sera mesurée au moyen de gammes conventionnelles exécutées d'avance. Je renvoie au livre de Jean d'Udine pour le détail de ces opérations. La *mesure* d'une couleur donnée consistera dans une série d'opérations, de comparaisons, après lesquelles on localisera la couleur dans les diverses gammes. Et, si l'on a donné d'avance des noms aux divers échelons des diverses gammes, on pourra fournir oralement à n'importe qui une documentation suffisante au sujet d'une couleur.

La précision de la définition dépendra du nombre des échelons de chaque gamme. Plus ces échelons seront nombreux et rapprochés, plus la localisation d'une couleur entre deux de ces échelons donnera un renseignement rigoureux ; mais, si ces échelons sont très nombreux et très rapprochés, le sens chromatique ne sera peut-être plus assez sensible chez n'importe quel homme pour que la localisation d'une couleur entre deux échelons donnés se fasse sans hésitation. Un observateur bien doué à ce point de vue placera hardiment une

---

(1) *L'Orchestration des couleurs.* Paris. Joanin, 1903.

couleur dans l'intervalle de deux échelons; un autre observateur, moins favorisé par la nature, hésitera entre cinq ou six échelons successifs. La mesure portera la marque du mesureur. Tant que les gammes seront grossières, tous les observateurs donneront les mêmes résultats; mais ces résultats laisseront à la détermination toute la latitude de l'intervalle de deux échelons; plus les gammes seront serrées, plus les résultats énoncés seront précis, mais plus il sera difficile aussi de trouver un observateur capable de les mesurer avec certitude. Il y aura fatalement une limite à la précision d'une mesure, et c'est par là que péchera toujours la science humaine. Tel autre animal, mieux doué que nous au point de vue chromatique, ferait une chromatométrique bien supérieure à la nôtre. Les mesures sont le point de départ de toute science, et c'est précisément dans la mesure, du moins dans la mesure *précise*, que la personnalité du mesureur restera; voilà le grand obstacle à la construction d'une science vraiment impersonnelle. Pour les besoins de l'homme, les mesures faites par l'homme ont en général une précision suffisante, et c'est pour cela que notre science *pratique* a atteint, dans beaucoup de directions, une perfection qui ne laisse plus rien à désirer.

J'ai pris comme exemple la couleur; j'aurais pu prendre également le son. Nous savons définir un son par comparaison avec des repères choisis à l'avance, avec une gamme de diapasons si l'on veut. Pour le son comme pour la couleur, il faudra encore considérer des qualités élémentaires mesurables séparément; chacun sait que ces qualités élémentaires sont la *hauteur*, l'*intensité* et le *timbre*. Pour la hauteur et l'intensité, il est possible de faire des échelles, des gammes de comparaison. Pour le timbre, cela ne semble pas faisable de nos jours. Il y a autant de timbres qu'il y a de corps sonores; on ne peut guère comparer un timbre qu'à lui-même, mais il est peut-être possible d'analyser le timbre et d'y trouver des qualités élémentaires mesurables; en tout cas, cela est compliqué.

La saveur et l'odeur sont aussi difficiles à mesurer que le timbre. Voilà des cantons du monde connus de l'homme, dans lesquels la Science, du moins la science directe, la science construite par les moyens du canton considéré, n'existe pas encore. Pour ces cantons, le coefficient humain est énorme. Tel dégustateur reconnaîtra le crû et l'année d'un vin, tandis qu'un individu moins bien doué confondra du vin de Narbonne avec du Château-Margaux. Et les plus habiles ne pourront jamais que reconnaître un goût ou une odeur déjà perçus; ils ne sauront pas classer une odeur nouvelle par rapport aux repères de leur mémoire.

L'appréciation des températures au moyen de

notre sens thermique est également très sujette à caution; il nous est très difficile de comparer les températures de deux corps inégalement rugueux

Sauf pour la couleur et pour le son, tous les cantons autres que ceux de la vision des formes nous paraissent donc peu accessibles aux recherches scientifiques directes, c'est-à-dire aux mesures faites par le moyen du sens correspondant. Encore, pour la couleur et pour le son, devons-nous analyser la sensation totale en des éléments dont quelques-uns sont mesurables, comme la hauteur, les autres pas, comme le timbre.

§ 68. — MESURES PAR LES YEUX; GRANDEURS ADDITIVES.

C'est le canton de la vision des formes qui est, par excellence, le canton de la mesure. Et même, le mot mesure a été créé pour ce canton à l'exclusion de tous les autres. C'est dans le canton de la vision des formes qu'est née la Science proprement dite; c'est pour ce canton qu'a été créé le langage de la science qui est le langage mathématique.

Les corps solides ont joué un rôle essentiel dans l'éducation spécifique de l'homme; j'entends, les corps suffisamment solides, les corps qui durent assez longtemps par rapport à l'homme, pour que, dans une première approximation, l'homme ait pu les considérer comme rigides et immuables. Les corps solides sont, en effet, des *obstacles* à la locomotion des animaux ; là où est un corps solide, un animal ne peut pas passer, tandis qu'il fend les gaz avec si peu d'effort qu'il a méconnu longtemps ceux dont l'odeur ne l'incommodait pas. Au point de vue de la lutte pour l'espace, le corps solide est, pour l'être vivant, un ennemi redoutable, invincible même dans beaucoup de cas. Quand un animal se heurte à la pointe d'une épée, c'est l'animal qui est vaincu et non l'épée. Les corps solides immobiles sont un obstacle à notre locomotion ; les corps solides mobiles, les projectiles, sont un danger pour nous ; ces dangers ont été les premiers connus des animaux ; c'est pour cela que les actions de contact tiennent une place privilégiée dans notre conception du monde. C'est pour cela aussi que l'effort de l'homme s'est tourné de bonne heure vers la connaissance de la forme des corps solides et de leurs mouvements. La géométrie est née de là. La géométrie est, comme son nom l'indique, la science qui décompose les formes des corps, la forme du monde, en des éléments simples facilement mesurables. Notre science a réduit toutes les mesures géométriques à des évaluations de distances ou longueurs et d'angles. J'ai déjà dit plus haut quel rôle extraordinaire joue la ligne droite dans la narration des mouvements. *L'invention de la ligne droite* a été le plus grand acte scientifique de l'homme dans le canton de la vision des formes. J'ai longuement traité cette question dans un ouvrage[1] auquel je renvoie le lecteur.

Il aurait fallu un très grand nombre d'étalons de longueur et d'étalons d'angles, pour pouvoir mesurer, par comparaison avec ces étalons formant échelle, toutes les longueurs possibles, comme nous l'avons fait tout à l'heure pour les couleurs et les sons. Heureusement, les longueurs et les angles sont des grandeurs additives, c'est-à-dire qu'elles jouissent de la propriété que l'une quelconque d'entre elles peut être considérée comme formée de plusieurs morceaux plus petits convenablement placés l'un par rapport à l'autre, ajoutés l'un à l'autre, comme on dit ordinairement. Cela n'avait pas lieu pour les étalons de nos gammes de couleurs et de sons. Chacun d'eux avait son existence propre et ne pouvait être remplacé par rien ; pour faire une mesure de couleur ou de son, il fallait, de toute nécessité, être en possession de toutes les gammes complètes de couleurs et de sons. Pour les longueurs et les angles, au contraire, il suffira d'avoir un étalon de longueur et un étalon d'angle. La gamme se constituera dans chaque cas par l'*addition* de plusieurs longueurs égales à l'étalon ou d'angles égaux à l'étalon ; on remplacera la gamme

---

(1) *Les Lois naturelles,* op. cit.

des longueurs par une série de *nombres* formant un langage nouveau, le langage des nombres ou langage *arithmétique*. C'est grâce à l'application possible de l'arithmétique à la géométrie que la science humaine a pris cette forme maniable, cette forme de langage facilement transmissible. Sans la propriété additive des longueurs et des ngles, la géométrie n'en aurait pas moins existé; mais elle eût été encombrée d'un appareil prodigieusement embarrassant de gammes de longueurs et d'angles. Et certes cela eût été gênant pour ses progrès. Mais les propriétés additives ont permis de remplacer tout cela par une langue élégante et facile à manier; et c'est là l'une des circonstances les plus favorables qu'ait rencontrées l'histoire des sciences. C'est pour cela aussi que toutes les autres sciences cantonales sont restées dans l'enfance, et que la science des formes, avec son langage mathématique, a fini par devenir la *Science* proprement dite.

§ 69. — LA PRÉCISION DES MESURES.

Le canton de la vision des formes présente d'ailleurs un autre avantage; nous sommes mieux doués en général pour faire des mesures avec nos yeux qu'avec nos autres organes des sens. Pour placer un son sur une gamme de sons, une couleur sur une gamme de couleurs, les hommes ont des facilités qui varient avec les individus ; l'un hésitera entre trois ou quatre échelons successifs, là où l'autre désignera immédiatement l'intervalle convenable. Pour les longueurs, il n'en est pas de même, ou du moins nous savons corriger les mauvaises vues au moyen d'instruments d'optique qui rendent tous les observateurs à peu près égaux devant une mesure. Au moyen d'une loupe grossissante, deux hommes quelconques peuvent, sans hésiter, placer une longueur sur une échelle divisée en millimètres. Au moyen d'un microscope et d'un vernier, ils peuvent même employer des échelles divisées en fractions de plus en plus petites de millimètres.

Il y a cependant une limite à la précision possible des mesures de longueur. Mais, avec nos moyens actuels de mesurer, cette limite est sensiblement la même pour tous les hommes qui veulent bien se donner la peine d'apprendre leur métier. Avec des micromètres, nous arrivons à mesurer, à un demi-micron près, des bactéries qui ont quatre à cinq microns de longueur ($0^{mm},004$ à $0^{mm},005$), et cela est possible pour les myopes comme pour les presbytes. Je ne pense pas qu'un animal très petit, doué de vue, puisse dépasser ou même atteindre cette précision dans la mesure des longueurs ; il me paraît vraisemblable que, grâce aux instruments d'optique, l'homme a atteint la limite de la précision possible dans la mesure des longueurs par un être vivant. Il faudrait imaginer un mécanisme conscient doué d'un appareil de mesure autre que la vue des êtres vivants, pour concevoir une précision plus grande. Et même cette précision idéale aurait encore une limite si elle exploitait, comme notre vision, les vibrations lumineuses qui ont elles-mêmes une dimension finie. J'ai dit ailleurs[1] quels peuvent être les dangers du langage mathématique lorsque nous l'employons — et cela, le plus aisément du monde — pour parler de longueurs plus petites que celles qui peuvent être mesurées, même par le mécanisme le mieux doué pour la mesure des longueurs.

Au point de vue de la précision, nous sommes bien plus inégalement doués pour faire des mesures avec nos autres organes des sens ; cette particularité, jointe à l'avantage énorme que l'on retire de l'emploi possible de la langue arithmétique pour les mesures du canton de la vision des formes, fait comprendre combien il a été utile à l'homme d'apprendre à étudier avec les yeux, par l'intermédiaire d'instruments, les phénomènes qui se passent dans les autres cantons sensoriels. Le fait même que cette étude a été possible prouve, comme le fait de son côté la conservation de l'énergie, qu'il n'y a pas de différence essentielle entre les diverses qualités que créent nos sens, à leur taille, dans

---

(1) *Les Lois naturelles*, op. cit.

le monde extérieur. Et le mot mesure a pris aujourd'hui, dans la science, la signification presque absolue de « comparaison faite par le moyen des yeux ». Nous mesurons les temps avec des chronomètres (canton de la sensation de durée), les masses avec des balances (canton de la sensation d'effort), les températures avec des thermomètres (canton de la sensation thermique); nous avons construit en face de la musique (canton de la sensation auditive), l'acoustique qui en est la traduction littérale en langage visuel, etc., etc. Et la découverte des principes d'équivalence nous a permis de réunir beaucoup de ces données si disparates à première vue, dans une langue unique et simple qui est l'ébauche de la mécanique universelle. Je renvoie encore une fois le lecteur à mon ouvrage : *les Lois naturelles*, dans lequel je me suis efforcé d'exposer clairement l'importance philosophique de cette unification des sciences.

Même dans le canton de la vision des formes, même dans l'établissement de la mécanique universelle, il y a une limite à la précision possible des mesures. Par des hypothèses ingénieuses, par des artifices de génie, les savants ont pu reculer cette limite sans sortir de la vraisemblance; ils sont arrivés à calculer, sinon à mesurer directement, la grandeur des vibrations lumineuses et la masse des électrons. Ces données qui n'ont plus de sens dans la langue vulgaire en ont un dans la langue mathématique, parce qu'elles sont choisies de telle manière que, traitées par les mathématiques dans une œuvre de synthèse, elles conduisent à la vérification de lois observées à une échelle mesurable. J'ai déjà signalé précédemment le cas de la théorie cinétique des gaz à propos de la question d'échelle dans l'étude du hasard.

La mécanique universelle, avec son langage mathématique, n'est plus une chose humaine; elle n'a plus d'échelle propre et s'applique à toutes les échelles. Mais l'homme n'a pu l'établir avec certitude que pour les faits qui lui sont accessibles. C'est par une induction hardie qu'il l'a généralisée à des dimensions qu'il ne peut atteindre; il ne l'a d'ailleurs fait que grâce à des hypothèses imaginées de telle manière que les phénomènes qui se passent à des échelles inaccessibles puissent se synthétiser en phénomènes observables, sans contradiction avec ce que nous enseigne l'expérience directe. Dans cette mécanique universelle, rêve sublime, il ne reste plus d'autre trace humaine que l'imperfection inévitable de nos moyens de mesure.

LIVRE V

GRANDES LIGNES D'UNE BIOLOGIE OBJECTIVE

CHAPITRE XIV

La définition de la Vie.

§ 70. — DANGER DU LANGAGE COURANT.

Il a fallu que l'homme poussât déjà fort loin la construction de la Science impersonnelle, dont nous venons d'étudier la genèse et la valeur, avant de pouvoir aborder avec quelque chance de succès l'étude impersonnelle de sa propre nature, de la vie animale en un mot. Il a fallu surtout que, partis de mesures de plus en plus précises, les savants arrivassent à établir, chez les corps bruts, des lois vraiment générales, pour que la question pût se poser de savoir s'il y a, entre les corps vivants et les autres, des différences essentielles, si les lois découvertes chez les corps inanimés s'arrêtent au seuil de la nature vivante.

Le langage courant avait depuis longtemps tranché la question dans le sens de l'affirmative, et avait établi entre la vie et la mort une ligne de démarcation à laquelle semblaient se briser tous les principes. Et même, ces idées *a priori* avaient été utilisées dans la construction de la science des corps bruts; nous avons vu, par exemple, comment la notion d'inertie avait été tirée de la comparaison entre une pierre et un animal; une pierre ne peut changer *par elle-même* son état de repos ou de mouvement, tandis qu'un animal le peut. Voilà donc, immédiatement, une différence essentielle. Cette différence, consacrée par le langage courant, a été l'origine de la notion de force, notion métaphysique qui a peuplé l'Univers d'entités calquées sur ce quelque chose d'actif que tout animal porte *en lui;* et ainsi, l'animal diffère évidemment du corps brut auquel il faut qu'une telle entité, étrangère à lui, soit appliquée de l'extérieur, pour que change l'état de repos ou de mouvement de ce corps brut.

Donc, même dans la langue scientifique s'est introduite, comme une notion fondamentale, la croyance à une différence essentielle entre l'animal et le minéral. Il est prodigieux qu'avec ce vice originel la mécanique ait pu arriver à la notion impersonnelle de la conservation de l'énergie, que contredit précisément, en apparence, l'observation grossière d'un animal quelconque, naturellement considéré comme *créateur* de mouvement.

Par définition même, l'inertie et la conservation de l'énergie, établis pour les corps bruts, n'avaient rien à voir avec les corps vivants qui peuvent changer, *par eux-mêmes*, l'état du monde dont ils font partie. C'est seulement après avoir reconnu la valeur conventionnelle des définitions de la mécanique que l'on a pu songer à trouver, chez les corps vivants, les propriétés *définies dans la matière brute par opposition avec les corps vivants*. Et il est naturel que, dans ces conditions, les gens qui se servent du langage courant et lui attribuent une valeur absolue aient considéré comme folle la prétention des biologistes déterministes.

Appliquer le principe de l'inertie à un corps vivant! Mais c'est la contradiction même!

La route à suivre est, en effet, semée de pièges résultant de ce que la manière dont on s'exprime au sujet de la vie contient toute une théorie de la Vie. Il faut éviter d'employer un seul mot qui renferme une explication *a priori;* le seul moyen d'y arriver, et cela est vrai pour la biologie comme pour les sciences des corps bruts, est de s'efforcer de *mesurer* les phénomènes d'une manière impersonnelle; mais, par où commencer? que mesurer? Là est toute la question. Quand on veut créer une science, il faut savoir à quels éléments mesurables s'adresser, et il faut trouver ensuite le moyen de les mesurer. Si l'on choisit mal ses éléments, on n'arrive à rien. Supposez que les minéralogistes se soient entêtés à chercher des lois, en mesurant la longueur des cristaux ou leur épaisseur ! la cristallographie ne serait pas née. Au contraire, les mesures d'angles dièdres ont donné des résultats immédiats ; l'invention du goniomètre a créé la cristallographie.

§ 71. — CE QU'IL FAUT MESURER.

En biologie, la difficulté est bien plus grande qu'en cristallographie ; quand on voit un cristal, on remarque immédiatement des longueurs et des angles, et l'idée de mesurer des longueurs et des angles naît tout naturellement. Mais quand on voit un homme, un poulpe, un châtaignier, on est bien embarrassé pour savoir ce qu'il est intéressant de mesurer. L'anthropométrie est une science, une science bornée, il est vrai, mais qui donne des résultats pratiques intéressants. Ce n'est sûrement pas de ce genre de mesures que peut naître la science de la vie, puisque l'on peut anthropométrer un cadavre aussi bien qu'un vivant. Et cette simple remarque suggère une méthode : mesurer, dans chaque cas, ce en quoi le cadavre diffère du vivant. Cette méthode a été appliquée à une époque où l'on ne savait faire de mesure qu'à l'échelle macroscopique des mouvements mécaniques ; la conclusion de son application a été la théorie vitaliste.

Nous ne *remarquons* pas de différence mesurable entre l'être vivant et son cadavre; *donc* la *vie* qui les distingue n'est pas susceptible de mesure. Il eût été plus prudent de se dire que, la différence mesurable ne se trouvant pas à l'échelle mécanique existait peut-être à une autre échelle; mais on a conclu immédiatement, et la théorie vitaliste est née, faisant de la vie une entité non mesurable; cette entité existe dans le langage : elle n'en disparaîtra jamais.

Tout n'est pas erreur dans le langage courant; à côté d'idées préconçues extrêmement dangereuses, il contient aussi tout un trésor de découvertes inappréciables résultant d'une expérience répétée pendant des siècles.

En particulier, chose qui peut paraître bien étrange aujourd'hui, les hommes ont rangé sous la *même* dénomination d'êtres vivants, les animaux et les végétaux, malgré leurs différences spécifiques extraordinaires. Même bornée aux animaux, cette dénomination unique était déjà infiniment remarquable; si elle a facilité l'éclosion regrettable de la théorie vitaliste, il faut constater aussi qu'elle a été d'un grand secours pour les biologistes épris de méthode scientifique. A une époque où la recherche directe des différences mesurables entre le vivant et le cadavre paraissait impossible, la notion de l'unité de la vie a permis, en effet, de rechercher quelle est la nature de la vie, en s'appliquant seulement à trouver quelque chose de commun à tous les êtres que l'on appelle vivants.

Si cette recherche n'avait pas donné de résultat, on en aurait conclu, une fois de plus, qu'il y a bien des erreurs dans le langage courant, et que, en particulier, la dénomination commune d'êtres vivants attribuée à des corps aussi différents que l'homme, le ver de terre et le poirier, n'avait aucune raison d'être. Mais la recherche ainsi conduite a donné un résultat merveilleux; l'idée préconçue de l'unité de la vie, idée accompagnée d'erreurs théoriques indiscutables, s'est trouvée correspondre à quelque chose de réel dont nos ancêtres avaient l'intuition obscure sans avoir pu en dégager une définition précise. Et l'idée préconçue et obscure a dicté la méthode aux chercheurs en leur indiquant immédiatement l'*échelle* à laquelle il fallait chercher. Ce n'est évidemment pas à l'échelle de notre mécanique des mouvements visibles qu'on peut trouver quelque chose de commun à la chèvre et au saule. De là l'idée de chercher plus bas; de là la découverte que les particularités caractéristiques de la vie sont de l'échelle colloïde ou protoplasmique et de l'échelle chimique.

C'était donc à cette échelle qu'il fallait faire des mesures! Mais si nous savons faire des mesures chimiques quand il s'agit de corps à composition relativement simple, nous sommes désarmés, à notre époque du moins, devant les composés albuminoïdes. Pour ce qui est de l'échelle colloïde, nous sommes encore bien moins outillés; l'étude des colloïdes est tout à fait dans l'enfance, et nous sommes dans l'impossibilité de distinguer, par des mesures, deux états colloïdes dont la différence nous frappe cependant avec la plus grande évidence.

§ 72. — IL FAUT CHOISIR DES EXEMPLES SIMPLES.

Dans ces conditions peu favorables, il a fallu tourner la difficulté. L'être vivant n'est pas quelque chose de fixe; il change sans cesse. Ne pouvant pas le définir avec précision à un moment donné de son existence, par des mesures colloïdes et chimiques, nous pouvons du moins comparer, au point de vue de tout ce qui est mesurable en eux, deux états successifs du même être [1]. Encore cela est-il bien difficile dans certains cas! Comparer un enfant à un homme adulte n'est pas une opération commode; comparer un chenille à un papillon est encore plus malaisé. Mais si, pour commencer la recherche, on a admis, sur la foi du langage courant, la valeur scientifique de la déno-

(1) Ce n'est pas au hasard que nous songeons à effectuer cette comparaison; nous y sommes conduits naturellement par les considérations qui nous ont permis de séparer la Biologie de la Mécanique universelle. (V. plus haut, chap. XI et surtout § 63.)

mination *unique* d'être vivant, on peut choisir les types animaux ou végétaux chez lesquels la comparaison des états successifs est le plus abordable par des procédés rigoureux. Si l'on trouve une loi d'évolution chez une espèce, ce sera une indication de la voie dans laquelle il faut chercher pour des espèces plus compliquées; on pourra *vérifier* la loi chez des animaux dont la structure embrouillée n'eût pas permis de la *trouver*.

L'étude d'une bactérie cultivée dans du bouillon donne un résultat immédiat. Sans savoir ce que c'est qu'une bactérie, sans pouvoir la décrire par la mesure précise de son état colloïde et de sa composition chimique, nous sommes suffisamment outillés pour reconnaître, à peu de chose près, que deux bactéries sont identiques; nous le reconnaissons à leur aspect, à leurs dimensions mesurables et à leur activité dans des conditions connues.

Cela posé, nous constatons que la *vie* de la bactérie dans du bouillon se traduit par une *multiplication* de la bactérie primitive qui donne naissance, dans certaines conditions, à un nombre croissant de bactéries semblables à elle. Voilà un phénomène mesurable. Un être vivant a donné au bout de quelque temps plusieurs êtres vivants semblables à lui. C'est une définition de la vie par la reproduction.

Cette définition peut-elle se généraliser? Pas sous cette forme, du moins; nous voyons vivre un chien ou un poirier, sans qu'il donne naissance à plusieurs chiens ou plusieurs poiriers; on peut vivre sans se reproduire. Le mot reproduction, pris au sens strict de « formation d'individus séparés semblables au premier » ne peut donc pas servir à définir la vie.

Mais si, dans la multiplication des bactéries, on tient compte seulement de l'identité de composition des individus reproduits, si l'on néglige le phénomène du morcellement pour ne voir que celui de la synthèse d'une quantité croissante de substance définie, semblable à la substance de la première bactérie ; si l'on remarque, non plus la multiplication des individus, mais l'*assimilation* exercée sur le milieu par un individu *qui fabrique de la substance semblable à la sienne*, on a une nouvelle définition de la vie qui semble immédiatement susceptible d'une généralisation bien plus aisée.

C'est, en effet, une observation courante que celle de la *croissance* des êtres jeunes quels qu'ils soient. Un jeune enfant, un jeune chat, un jeune chêne *grandissent*, et la substance dont ils s'additionnent en grandissant est, quoique fabriquée par eux au moyen d'éléments différents, plus semblable à leur substance préexistante qu'à toute autre substance d'une autre espèce. Sans nous permettre une définition précise de la substance d'enfant, de la substance du chat ou de la substance du chêne, l'ensemble des documents que nous recueillons au moyen de tous nos organes des sens nous permet de *reconnaître* que ces substances sont propres à l'espèce considérée. Tout cela n'est guère précis, et nous concevons seulement qu'il n'est pas impossible de donner, par une étude ultérieure, une signification plus rigoureuse à une remarque qui se présente d'abord à nous avec le caractère d'une simple approximation.

Cependant, comme ce caractère de l'assimilation manque à tous les corps bruts, nous avons l'intuition que nous avons trouvé juste. Dans toutes les sciences au début, l'intuition joue un rôle important; on tire des conclusions précises de résultats approximatifs ; si les conclusions ne sont pas en contradiction avec les faits, on pense que les résultats n'étaient pas mauvais, et on cherche des moyens de les rendre plus rigoureux ; petit à petit une certitude scientifique remplace ainsi une conviction hasardée.

Acceptons donc provisoirement l'assimilation comme étant, dans l'ordre des faits d'évolution [1], la caractéristique des corps vivants par rapport aux corps bruts.

L'assimilation est un phénomène qui a une défi-

---

(1) Je spécifie que c'est seulement dans l'ordre des faits d'évolution, c'est-à-dire dans la comparaison des états successifs d'un corps vivant ; mais il est certain, quoique la science ne nous les ait pas encore fait connaître, qu'il y a des caractéristiques de la vie dans la structure *actuelle* des corps vivants.

nition *rigoureuse*; c'est la fabrication, par un corps, de substances *identiques* à sa substance propre. Si donc nous définissons la vie par l'assimilation, nous ne devrons considérer comme vivant qu'un corps qui manifeste ce phénomène rigoureusement mesurable de l'assimilation.

§ 73. — NOTRE DÉFINITION SERA RIGOUREUSE, MALGRÉ LES APPARENCES.

Il semble immédiatement que nous devions renoncer à notre définition, car l'observation précise ne nous permet jamais ou presque jamais de croire à une assimilation *rigoureuse* chez un être vivant. Nous nous tirerons d'affaire par une remarque très générale.

Il est très rare que, dans la nature, nous observions des phénomènes répondant rigoureusement à des lois simples, et, cependant, les physiciens ont découvert beaucoup de lois simples des phénomènes naturels : ces lois simples ne se vérifient rigoureusement que dans des expériences préparées avec soin par les savants. Dans la nature, les phénomènes de laboratoire, les phénomènes répondant rigoureusement à des lois simples ne se manifestent pas en général avec pureté ; leur simplicité est masquée par des phénomènes accessoires et différents qui s'y surajoutent ordinairement.

Utilisons cette remarque en biologie. Nous appelons corps vivant un corps dans lequel se manifeste le phénomène de la vie ; mais nous n'avons pas spécifié qu'il ne s'y manifeste que celui-là. Rien n'empêche que l'activité totale d'un être aussi compliqué qu'un animal se compose à un moment donné de plusieurs activités différentes ; il suffira que l'*une* de ces activités partielles réponde à la définition de la vie, pour que nous déclarions vivant le corps étudié.

Cela posé, et surtout si nous avons pu, dans certains cas, séparer artificiellement, dans les laboratoires, le phénomène vital *pur* et les phénomènes accessoires qui s'y superposent ordinairement, nous serons en droit d'appliquer notre définition rigoureuse à des êtres dans lesquels les phénomènes accessoires *masquent* entièrement l'accroissement assimilateur, comme les êtres adultes, et même à des êtres chez lesquels la suprématie des phénomènes accessoires donne à l'ensemble une apparence contraire à celle de l'assimilation (décrépitude, vieillesse).

J'ai appliqué longuement cette méthode d'étude de la vie dans un grand nombre d'ouvrages ; j'ai même consacré à cette question à peu près toute mon activité cérébrale, et j'ai acquis ainsi, *a posteriori*, la conviction que la méthode est bonne, et que la définition est satisfaisante. En me livrant à un travail de déduction aussi serré que possible, j'ai vérifié que tous les phénomènes biologiques connus sont en rapport avec l'existence de l'assimilation dans les protoplasmas vivants. Ceux qui m'ont fait l'honneur de me suivre dans ces raisonnements, souvent un peu délicats, verront s'ils peuvent partager ma satisfaction.

§ 74. — LA VIE ; PHÉNOMÈNE D'ÉQUILIBRE.

Que la vie soit définie par l'assimilation et ne puisse, dans l'état actuel de la science, être définie autrement, cela entraîne une conséquence philosophique importante. L'assimilation est le résultat de réactions entre le corps vivant et des substances de son milieu. Ces substances, étrangères à l'individu, sont aussi essentielles que l'individu lui-même à la perpétration de la fonction assimilatrice. Si donc nous définissons la vie par l'assimilation, nous n'avons jamais le droit de dire qu'un individu a sa vie en lui ; la vie est un phénomène qui résulte de deux facteurs, l'être vivant et le milieu. L'être vivant ne vit pas par lui-même ; il est seulement susceptible de vivre, c'est-à-dire d'être le siège de phénomènes d'assimilation, en présence d'un milieu convenable ; l'être envisagé en dehors du milieu ne saurait donc être déclaré vivant, mais seulement *viable*. La vie doit toujours être représentée par une formule symbolique de la forme $(A \times B)$. J'ai déjà longuement exploité cette formule symbolique ; elle me paraît de plus en plus indispensable et féconde.

Si l'on se reporte à ce que nous avons dit au chapitre de l'équilibre, cette formule symbolique exprime simplement que la vie est un phénomène d'équilibre dont le corps vivant est l'un des facteurs ; nous avons vu aussi comment une accumulation de ces phénomènes spéciaux d'équilibre que l'on appelle les résonances permet de concevoir la genèse de l'assimilation caractéristique de la vie.

CHAPITRE XV

Transportabilité et Hérédité.

§ 75. — POSSIBILITÉ D'UNE ÉTUDE OBJECTIVE COMPLÈTE DE LA VIE.

Le facteur transportable A, le corps *viable*, nous intéresse plus particulièrement ; c'est lui que nous appelons l'être vivant, c'est son évolution que nous suivons. — Il est le siège de réactions multiples dont les unes sont assimilatrices, les autres quelconques ; c'est l'ensemble de ces réactions de toute nature qui détermine son évolution. L'ensemble des réactions concomitantes, qui se produisent dans un individu à un moment donné, est ce qu'on appelle le fonctionnement, ou la *vie* de l'individu à ce moment. On dit « la vie » de l'individu, quoique, dans cet ensemble, il y ait seulement quelques phénomènes d'assimilation ; c'est là un langage peu rigoureux, mais dont on ne peut pas se passer. Nous dirons qu'un être vit quand il exécute un grand nombre d'actes dont l'*un* est assimilateur.

Dans le même ordre d'idées, nous sommes obligés de donner le nom de corps vivant à un ensemble dont quelques parties seulement sont viables; dans un homme, il y a des protoplasmas et des substances mortes, mais nous ne songeons pas à séparer, dans notre langage synthétique, les ongles et les cheveux du cerveau et des muscles. C'est là une conséquence de nos vieilles habitudes individualistes. Le langage individualiste est d'ailleurs indispensable aux relations d'être vivant à être vivant, et c'est ici qu'est le point délicat de l'établissement d'une biologie purement objective, basée sur des phénomènes mesurables. Ce qui importe à chacun de nous, c'est ce qu'il éprouve, ce qu'il sent. Nous n'avons parlé de rien de semblable dans l'étude de la vie ; nous avons observé des êtres, et nous nous sommes proposé de mesurer ce qui en eux est mesurable, sans nous demander, et pour cause, si, dans le corps de l'être étudié, il y a des sensations agréables ou douloureuses. Nous savons qu'il y en a quand il s'agit de nous observateurs; mais nous l'ignorons, et nous l'ignorerons toujours, relativement à un animal quelconque autre que nous. Ainsi, chose imprévue et déconcertante, ce qui nous paraît le plus important dans l'étude de la vie, lorsqu'il s'agit de nous-mêmes, disparaît lorsque nous étudions la vie chez les autres. Les vitalistes ont donc beau jeu quand ils nous disent que notre étude objective est incomplète. Et tous ceux qui s'en tiendront à ce premier aspect des choses seront nécessairement vitalistes; ils admettront l'existence d'un principe vital inaccessible à la mesure.

Cependant, si les vitalistes n'ont pas d'idée préconçue, ils constateront en eux-mêmes, dans beaucoup de cas, une corrélation remarquable entre des sensations éprouvées et des phénomènes mesurables. Le choc d'un marteau frappant notre doigt s'accompagne d'une douleur que nous attribuons sans hésiter au choc du marteau ; ainsi en va-t-il de mille autres phénomènes, desquels nous concluons à un parallélisme, établi souvent, entre des sensations éprouvées par nous et des phénomènes mesurables, observables par d'autres que nous. La généralisation de cette constatation conduit à la théorie de la conscience épiphénomène, théorie que j'ai déjà exposée dans plusieurs ouvrages et dont je reprendrai définitivement la discussion dans le prochain volume. Cette théorie, satisfaisante au point de vue scientifique, obligatoire même si l'on admet comme démontré que le principe de la conservation de l'énergie s'étend aux êtres vivants, est absolument désolante au point de vue sentimental, et ne sera pas admise par ceux qui ne peuvent s'empêcher de mêler le sentiment à la logique.

§ 76. — L'IMPORTANCE DES ACTIONS DE CONTACT.

Je signale seulement en passant cette conséquence fatale de la possibilité d'une étude objective complète des êtres vivants ; le seul point sur lequel je veuille insister ici est relatif à la limitation dans l'espace du corps doué de vie. Quand nous faisons l'étude objective d'un animal ou d'un végétal, cette limitation est réalisée naturellement par le contour contenant les points où il se produit un phénomène d'assimilation. Mais plusieurs philosophes, se basant sur le fait que leur connaissance s'étend à des points extérieurs à leur corps, se disent, comme J. Tannery[1] : « Je ne sais pas trop où je commence et où je finis. » En déclarant que la vie ne réside pas dans le corps d'un individu, mais résulte des réactions qui se passent à chaque instant entre le corps de l'individu et le milieu qui l'entoure, on pourrait, au premier abord, être tenté de partager le doute de ces philsophes. Non seulement l'être vivant est constamment pénétré par des radiations qui lui apportent le reflet de la forme des corps extérieurs et d'autres propriétés de ces corps, mais il émet lui-même dans l'espace des radiations qui le rendent connaissable à des êtres extérieurs. On pourrait donc trouver, même objectivement, une certaine vraisemblance à cette

---

(1) V. *L'Athéisme, op. cit.* Avant-dernier chapitre.

boutade : « Je ne sais pas trop où je commence et où je finis. » Mais, en y regardant de près, on voit que la seule définition possible d'un corps vivant ou mort est celle qui comprend l'*ensemble* de ses propriétés. Or, cet ensemble ne se trouve au complet que dans le contour par lequel il est limité. Ce qui se transmet, tant sous forme de radiation dans l'éther que de propriétés diastasiques dans les colloïdes, ce sont seulement quelques-uns des éléments dans lesquels est analysée l'activité totale du corps considéré[1]. Aucun de ces éléments émanés d'un être vivant n'est vivant : la vie ne résulte que de l'ensemble de tous ces éléments agglomérés dans le contour de l'individu.

Et cette constatation donne une importance considérable aux *actions de contact* entre corps définis. Deux corps quelconques agissent de loin l'un sur l'autre par leurs émanations colloïdes ou éthérées ; mais l'activité de chacun d'eux n'est transportée que partiellement dans chacune de ces émanations : le corps n'est *lui-même* que dans l'étendue du contour où toutes ses propriétés sont réunies. La lutte entre deux corps n'est donc complète que dans le « corps à corps », où toutes les activités spécifiques de chacun d'eux entrent en conflit à la fois avec les activités correspondantes

(1) V. *La Lutte universelle*. Bibl. de phil. scientifique (Flammarion).

de l'autre; mais cela n'empêche pas qu'il faille attribuer souvent une importance considérable aux émanations dans lesquelles s'analyse l'activité totale de chacun.

La notion de *transportabilité*, à laquelle j'ai fait une si grande place dans l'étude philosophique du monde, est précisément l'affirmation de l'importance des actions de contact. Cette transportabilité, quand il s'agit de corps vivants, prend le nom d'*hérédité* au sens large. L'éducation est l'ensemble des conditions que traverse, sans les emporter avec lui, le corps vivant défini par son contour.

§ 77. — ÉTAT COLLOIDE ET TENEUR EN SELS.

J'ai longuement expliqué ailleurs [1] que la transportabilité des corps vivants peut être envisagée à deux points de vue également importants : le point de vue chimique et le point de vue colloïde; j'ai proposé d'appeler provisoirement « état colloïde » d'un protoplasma l'ensemble des particularités d'ordre colloïde qu'il transporte avec lui, et que nous ne savons pas encore analyser dans le détail. Les nombreuses études faites actuellement dans tous les laboratoires de chimie physique et de physiologie nous font espérer, à brève échéance,

(1) *Éléments de Philosophie biologique, op. cit.*

des découvertes capitales dans cet ordre de questions, et l'institution d'un système de mesures des états colloïdes. Il y a déjà un facteur de l'état colloïde des protoplasmas qui semble accessible à la mesure : c'est la teneur en sels inorganiques des substances vivantes et des milieux intérieurs des êtres vivants. Le rôle des sels dans les conditions d'équilibre des colloïdes est bien connu, et, sans pouvoir l'affirmer en me basant sur des expériences, *il me semble* à peu près certain que deux protoplasmas qui ont des états colloïdes différents, ont des teneurs salines correspondant à leurs états colloïdes, et, par conséquent, différentes. Je pense même que la teneur saline d'un protoplasma pourra, quand elle sera mesurée avec précision, donner une indication précieuse sur les propriétés de ce protoplasma. Rien n'est négligeable quand il s'agit d'un équilibre, et je crois que de faibles variations dans un facteur quelconque de cet équilibre doivent retentir sur tous les autres, sur la teneur en sels particulièrement. Des expériences qui n'avaient sans doute pas un degré de précision suffisant (il faudra des mesures très délicates) ont amené M. Quinton à affirmer, au contraire, que tous les milieux intérieurs des animaux ont des teneurs en sels, qui correspondent, à un facteur constant près, à celle de l'eau de mer. Cette affirmation a eu un très grand succès; nombre de philosophes ont vu dans cette constance de la teneur en sels du milieu vivant, une loi remarquable, susceptible même de faire échec au transformisme. Les médecins aussi ont accepté cette manière de voir avec enthousiasme, et aujourd'hui on soigne toutes les maladies avec de l'eau de mer. Profitons-en, pendant que cela guérit !

Je n'ai fait aucune expérience me permettant de m'inscrire en faux contre un système qui a recruté si vite tant d'adhérents. Je me place seulement au point de vue théorique ; le peu que je sais des lois de l'équilibre me fait penser que les protoplasmas *différents* doivent avoir des teneurs en sels *différentes*, qu'ils appartiennent à un même individu ou à des individus différents, à une même espèce ou à des espèces différentes.

Bien plus, si j'ai compris les travaux de Vant'hoff, je crois que ces teneurs différentes ne sauraient correspondre à des dilutions différentes d'un mélange une fois donné. En ajoutant de l'eau pure à de l'eau de mer, on introduit dans les conditions d'équilibre qui y sont réalisées des changements qui sont loin d'être simples. Il n'y a pas de relations d'équilibre simples entre deux solutions inégalement diluées, d'un même mélange de sels. Tout cela me fait penser que la loi de M. Quinton est le résultat d'expériences insuffisamment précises ; les mesures de cet ordre sont d'ailleurs très délicates, et je crois que, pour les mener à bien, il faudra inventer de nouvelles méthodes de mesure.

A tous les points de vue, les phénomènes vitaux sont localisés, sur les diverses échelles, non pas en un point donné, mais entre des limites données. Pour la température, par exemple, on ne les constate guère qu'entre 0 et 60 degrés centigrades. Si nous avions une manière de mesurer les températures qui fût suffisamment grossière, analogue, par exemple, à celle du Pyromètre de Wedgwood, nous dirions aussi que tous les êtres vivants ont la même température. Je ne parle pas de la température des animaux dits à sang chaud, qui ont un régulateur thermique, et chez lesquels M. Quinton a encore trouvé un autre invariant de la vie, mais de tous les animaux vivant entre 0 et 60 degrés. Si l'on croit à l'identité de la composition saline des milieux vivants, c'est probablement que la précision de la méthode de mesure est inférieure aux différences qu'il s'agit de constater. Je ne croirai jamais, puisque les solutions salines jouent un rôle capital dans les phénomènes d'équilibre des colloïdes, que les facteurs de cet équilibre changent d'individu à individu, et que les teneurs salines ont la bonhomie de ne jamais se modifier, ou conservent du moins, si elles se modifient, une proportionnalité qui ne correspond à aucune loi d'équilibre.

§ 78. — QUI SERVIRA DE CONCLUSION.

Je me contente ici de ces quelques indications, relativement à l'établissement d'une biologie objective dont j'ai exposé les méthodes et les faits les plus importants dans mes *Éléments de Philosophie biologique* [1].

J'étudierai, dans un prochain ouvrage, les conséquences subjectives du fait que la conservation de l'énergie se vérifie pour les êtres vivants comme pour les substances brutes. Mais nos considérations objectives suffisent à nous permettre d'établir, comme je le disais page 148, des conclusions peu flatteuses pour notre amour-propre de roi de la nature.

L'homme n'est qu'un tourbillon actuel, capable d'amorcer, suivant le principe de Carnot, d'autres tourbillons. La liberté absolue est une illusion. Le résultat final de l'évolution du monde, ou, du moins, l'état du monde après la disparition de l'homme, sera un état d'équilibre dans lequel, petit à petit, disparaîtra la trace éphémère des activités humaines.

Nous nous serons agités en vain !

(1) Alcan, 1907.

TABLE DES MATIERES

Pages

Dédicace a Victor Pacotte v
Introduction. 1

LIVRE PREMIER

L'IMPERSONNALITÉ DE LA SCIENCE

CHAPITRE PREMIER

Routine et Science.

§ 1. Difficulté de comparer la vie à ce qui n'est pas vivant. 13
§ 2. Journal de bord et point estimé 14
§ 3. Le point observé. 18
§ 4. Tradition et Science 21
§ 5. Mesures et points de repère. Besoin de science; ses dangers 24
§ 6. Les étapes de la science. 29
§ 7. Dangers et avantages de la Science. 31

CHAPITRE II

L'Étape psychologique.

§ 8. Le langage articulé. 36
§ 9. Comparaison des langages animaux. 40
§ 10. Rôle du langage dans la création de la Science. . 44
§ 11. L'ordre des sciences 46

CHAPITRE III

Les organes des sens et la question d'échelle.

	Pages
§ 12. Expérience et qualités	50
13. La langue mathématique	53
§ 14. Échelles et cantons	55

CHAPITRE IV

La conservation de l'énergie.

§ 15. Mécanique universelle	64
§ 16. L'énergie n'a pas d'échelle	66
§ 17. L'existence des Invariants	68
§ 18. Les provisions	72
§ 19. Origine de la notion d'énergie	73
§ 20. Les changements	76
§ 21. Inertie et ligne droite	78
§ 22. Les principes d'équivalence et les définitions conventionnelles	82
§ 23. Définitions symétriques	87
§ 24. Équivalence et équilibre	89

LIVRE II

LE SENS DES PHÉNOMÈNES NATURELS

CHAPITRE V

Les écoulements d'énergie.

§ 25. Le mémoire de Sadi Carnot	93
§ 26. Écoulements d'énergie et transformateurs	96
§ 27. Il faut dépenser d'abord	104

CHAPITRE VI

Phénomènes qui commencent et Phénomènes qui continuent.

	Pages
§ 28. Les amorçages.	105
§ 29. Le rendement	108
§ 30. Les magasins d'énergie	111

CHAPITRE VII

La place de la chaleur dans les phénomènes naturels.

§ 31. Écoulements sans transformation.	114
§ 32. La réversibilité.	116
§ 33. La tendance à la médiocrité.	122

CHAPITRE VIII

Premier coup d'œil sur la vie.

§ 34. Nouvelle hypothèse sur la vieillesse	129
§ 35. Résonance et assimilation.	131
§ 36. Rajeunissement.	132

LIVRE III

L'ÉQUILIBRE

CHAPITRE IX

L'Existence des corps.

§ 37. Définition	137
§ 38. Corps définis et transportabilité	141
§ 39. Les degrés de transportabilité	144
§ 40. Colloïdes et équilibre	148

CHAPITRE X

Résonance et imitation.

	Pages
§ 41. Mouvements pendulaires	156
§ 42. Résonnateurs spécifiques et résonnateurs indifférents.	158
§ 43. La résonance chez les colloïdes	163
§ 44. Parenthèse relative à la chaleur.	165
§ 45. Le magasin protoplasmique.	169
§ 46. Imitation; assimilation; hérédité.	173
§ 47. Résumé du Chapitre de l'équilibre.	179

LIVRE IV

LOIS ET MESURES

CHAPITRE XI

Lois naturelles et règlements sociaux.

§ 48. Confusion du langage psychologique et du langage mécanique	183
§ 49. Déterminisme.	188
§ 50. Fatalisme	189
§ 51. Libre arbitre.	192
§ 52. Finalisme	196
§ 53. Les lois biologiques.	198
§ 54. Sociologie	202

CHAPITRE XII

Le hasard et la question d'échelle.

§ 55. La chance.	205
§ 56. Prévoyance et intelligence.	207

TABLE DES MATIÈRES

	Pages
§ 57. Définition du hasard	208
§ 58. Les jeux de hasard	215
§ 59. La loi des grands nombres	217
§ 60. Il faut raisonner *a posteriori*	225
§ 61. La probabilité d'un coup isolé	228
§ 62. La probabilité statistique	234
§ 63. La loi des grands nombres et la question d'échelle	238
§ 64. Détermination à l'échelle supérieure; indétermination à l'échelle au-dessous	245
§ 65. Le hasard et la sélection naturelle	248
§ 66. Les prétendues lois du hasard	255

CHAPITRE XIII

Les mesures.

§ 67. Impersonnalité de la mesure	259
§ 68. Mesures par les yeux; grandeurs additives	264
§ 69. La précision des mesures	267

LIVRE V

GRANDES LIGNES D'UNE BIOLOGIE OBJECTIVE

CHAPITRE XIV

La définition de la Vie.

§ 70. Danger du langage courant	273
§ 71. Ce qu'il faut mesurer	276
§ 72. Il faut choisir des exemples simples	279
§ 73. Notre définition sera rigoureuse, malgré les apparences	283
§ 74. La vie; phénomène d'équilibre	285

CHAPITRE XV

Transportabilité et hérédité.

	Pages
§ 75. Possibilité d'une étude objective complète de la vie..	287
§ 76. L'importance des actions de contact	290
§ 77. État colloïde et teneur en sels	292
§ 78. Qui servira de conclusion	296

175. — Paris. — Imp. Hemmerlé et Cⁱᵉ. 9-07

ERNEST FLAMMARION, ÉDITEUR, 26, RUE RACINE, PARIS

BIBLIOTHÈQUE
DE
PHILOSOPHIE SCIENTIFIQUE

Collection in-18 jésus à 3 fr. 50 le volume

FÉLIX LE DANTEC (*Chargé de Cours à la Sorbonne*)
Les Influences Ancestrales

Après avoir, dans une courte introduction, mis en évidence les avantages de la narration historique des faits, l'auteur montre comment, de la seule notion de la continuité des lignées, on conclut sans peine aux principes de Lamarck et Darwin. Le premier livre de l'ouvrage est un véritable résumé de la biologie tout entière ; grâce à l'heureux emploi d'une expression nouvelle et imprévue « la canalisation du hasard », les questions les plus ardues de l'hérédité et de l'origine des espèces sont exposées avec simplicité, sans qu'il soit jamais nécessaire de faire appel à aucune connaissance spéciale ou technique.................... 1 vol. in-18.

H. POINCARÉ (*Membre de l'Institut*)
La Science et l'Hypothèse

M. Poincaré a réuni sous ce titre les résultats de ses réflexions sur la logique des sciences mathématiques et physiques. Dans les unes comme dans les autres, l'hypothèse a joué un grand rôle. Quelques personnes en ont voulu conclure que l'édifice scientifique est fragile ; être sceptique de cette façon, c'est encore être superficiel. Douter de tout, ou tout croire, ce sont deux solutions également commodes qui, l'une et l'autre, nous dispensent de réfléchir.

Un peu de réflexion nous montre au contraire que l'emploi de l'hypothèse est nécessaire et peut être légitime ; sans doute il est dangereux, mais ce n'est qu'une raison de plus de reconnaître avec soin les pièges auxquels le savant est exposé.

M. Poincaré a évité soigneusement l'emploi des formules mathématiques. Son livre pourra donc être lu par toutes les personnes cultivées ; il le sera certainement par tous ceux qui s'intéressent à la philosophie des sciences.................... 1 vol. in-18.

DASTRE (*Professeur de Physiologie à la Sorbonne*)
La Vie et la Mort

Ce livre intéressant entre tous, sera bientôt dans toutes les mains. Ce n'est plus, comme jadis, un poète ou un moraliste qui vient disserter sur la destinée humaine et développer les éternels lieux communs que comporte le sujet. L'auteur de cet ouvrage, M. Dastre, professeur de physiologie à la Sorbonne, est l'un de nos savants les plus originaux et les plus profonds. Son livre traite des questions relatives à la Vie et à la Mort au point de vue de la philosophie et de la science. Il nous révèle qu'il y a des animaux immortels, que la mort n'a pas existé de tout temps, qu'elle est apparue à un moment du cours des temps géologiques ; que la vieillesse elle-même est une maladie qui pourrait être évitée et que la vie pourrait être plus longue sans s'accompagner de décrépitude.................... 1 vol. in-18.

Dr GUSTAVE LE BON. — Psychologie de l'Éducation

Ce livre a été écrit pour tous les membres de l'enseignement, et au moins autant pour les pères de famille, soucieux de l'avenir de leurs fils. Le Dr Le Bon s'est livré à une étude attentive du volumineux Rapport de la Commission d'enquête sur la Réforme de l'enseignement ; il en est sorti persuadé que toute la réforme n'a malheureusement tourné qu'autour d'une question de programmes ; et il craint que les programmes nouveaux n'apportent aucun remède. C'est l'esprit de l'enseignement, la méthode, qui auraient besoin d'être améliorés : « Tous les programmes sont indifférents, mais ce qui peut être bon ou mauvais, c'est la façon de s'en servir. »

Le Dr Le Bon estime que cette vérité élémentaire est totalement méconnue ; son livre qu'éclaire sans cesse une vue, à la fois profonde et subtile des réalités, a pour but de la faire pénétrer dans le public. « Cette réforme de l'opinion est la première qu'on doive tenter aujourd'hui. ».................. 1 vol. in-18.

FRÉDÉRIC HOUSSAY (*Professeur de Zoologie à la Sorbonne*)
Nature et Sciences naturelles

Ce nouveau livre, accessible à tous les esprits cultivés et réfléchis, a pour noyau la plus originale tentative pour montrer, dans l'édification de la science, la continuité de pensée depuis l'antiquité jusqu'à notre époque. Il contient de plus une philosophie opposant la réalité naturelle aux diverses images scientifiques que l'homme s'en est faites, images que les progrès techniques modifient beaucoup moins dans leurs traits essentiels qu'on ne le croit d'ordinaire. Toutes les théories générales y sont groupées, classées, comparées, et les grandes controverses y apparaissent comme des malentendus permanents entre les diverses sortes de pensées humaines. L'ouvrage se termine par un suggestif aperçu sur l'orientation actuelle des sciences naturelles........ 1 vol. in-18.

Dr J. HÉRICOURT. — Les Frontières de la Maladie

Les frontières de la maladie, ce sont les maladies de la nutrition qui commencent, s'installant de façon insidieuse et progressant insensiblement, jusqu'au moment où elles se démasqueront en troubles graves et incurables ; ce sont les infections latentes et atténuées qu'on laisse évoluer librement, et qu'on répand autour de soi, d'abord dans sa famille, et puis au dehors ; ce sont toutes les maladies qui laissent aux patients les apparences de la santé, et qui, par cela même, sont abandonnées à leur libre évolution dans leur phase maniable par l'hygiène, jusqu'à leur transformation en états graves, contre lesquels la thérapeutique est alors le plus souvent impuissante.............................. 1 vol. in-18

H. POINCARÉ (*Membre de l'Institut*)
La Valeur de la Science

Ce nouvel ouvrage de M. POINCARÉ a pour but de rechercher quelle est la véritable valeur objective de la Science ; n'est-elle, comme le prétendent ses détracteurs, qu'une accumulation d'hypothèses arbitraires, une simple règle d'action incapable de nous rien faire connaître de la réalité. On pourrait le croire à voir les capricieuses variations de la mode scientifique ; le caractère à demi conventionnel des notions les plus fondamentales, comme celles de temps et d'espace.

Un examen plus approfondi nous rassure ; il nous montre, il est vrai, que la nature des choses nous demeurera à jamais mystérieuse ; mais qu'il y a dans les rapports mutuels de ces choses inconnaissables, je ne sais quelle harmonie qui est la seule réalité objective qui nous soit accessible.

L'auteur à ce propos revient sur la question de la rotation de la Terre et fait justice de certaines légendes qui ont couru dans les journaux politiques à propos de ses idées sur le mouvement absolu. Il montre comment, malgré la relativité de l'espace, la vérité pour laquelle Galilée a souffert, reste néanmoins la vérité.. 1 vol. in-18.

D' GUSTAVE LE BON. — L'Évolution de la Matière

Cet ouvrage présente un intérêt scientifique et philosophique considérable. L'auteur y a développé les recherches nombreuses que sous ces titres : *La Lumière Noire, La Dématérialisation de la Matière*, etc., il a publié depuis plusieurs années. On sait qu'elles ont eu en France et surtout à l'étranger un retentissement énorme. Il a montré que, contrairement à une croyance bien des fois séculaire, la matière n'est pas éternelle et peut être détruite sans retour, qu'elle est le siège d'une énergie colossale insoupçonnée jusqu'ici et dont l'intensité est telle que la dissociation complète d'une pièce de 1 centime représenterait autant d'énergie qu'on pourrait en obtenir en brûlant 68.000 francs de houille.

Parmi ses expériences sur les diverses phases de la dématérialisation de la matière on remarquera celles où il prouve par des photographies instantanées que les produits de la dématérialisation de la matière traversent visiblement les obstacles matériels.

Les expériences sur le radium et leur analyse critique forment un des chapitres intéressants de l'ouvrage. On y voit que tous les corps de la nature possèdent les mêmes propriétés que le radium bien qu'à un degré moindre. — 1 vol. in-18 illustré de 62 gravures photographiées au laboratoire de l'auteur.

E. BOINET (*Professeur de Clinique médicale*)
Les Doctrines médicales. — Leur évolution

La nécessité d'une doctrine directrice s'impose à la médecine, qui est à la fois un art par ses applications et une science par ses moyens d'étude. Les doctrines médicales ont donc une portée pratique et théorique, et leur évolution marque les étapes de la médecine.

Le *Livre I*, consacré aux *Doctrines antiques*, se divise en six chapitres : Le *premier* comprend la *médecine sacerdotale* ; le *second chapitre* traite de la *doctrine Hippocratique* ; le *chapitre III* expose les *rivalités de l'Ecole de Cos*, personnifiée par Hippocrate, et de l'*Ecole de Cnide* ; dans les *chapitres IV et V* se trouvent les doctrines multiples de l'*Ecole d'Alexandrie* et la *médecine au temps d'Aristote* ; la *doctrine de Galien* fait l'objet du *VI° et dernier chapitre*.

Le *Livre II* étudie l'*alchimie* et la *doctrine chimiatrique*.

Le *Livre III* montre l'influence des progrès de l'anatomie humaine.

Le *Livre IV*, renferme l'œuvre du XIX° siècle illustré par trois noms français, Bichat, Claude Bernard, Pasteur.

Les idées modernes sur la maladie sont exposées dans le **Livre V**.

Le *Livre VI* est consacré aux *défenses de l'organisme*.

Le *Livre VII* montre *l'application des doctrines modernes à la thérapeutique et à l'hygiène*.................... 1 vol. in-18.

ÉMILE PICARD (*Membre de l'Institut, Professeur à la Sorbonne*)
La Science moderne et son état actuel

M. Picard s'est proposé de donner, dans ce volume, une idée d'ensemble sur l'état des sciences mathématiques, physiques et naturelles dans les premières années du xx° siècle. Une esquisse de l'état actuel des sciences, de leurs méthodes et de leurs tendances, précédée de remarques historiques, est susceptible de faire mieux comprendre que des dissertations abstraites ce que cherchent les savants, quelle idée on doit se faire de la science, et ce que l'on peut lui demander. On trouvera discutés dans ce volume, avec de nombreux exemples à l'appui, les divers points de vue sous lesquels on envisage aujourd'hui la notion d'explication scientifique, ainsi que le rôle des théories, sans lesquelles la science se réduit à un catalogue de faits. Ces trois cents pages forment une véritable encyclopédie, où sont condensés les résultats positifs les plus importants, en même temps qu'un livre de philosophie scientifique, où les liens qui unissent les diverses sciences sont mis en évidence.................... 1 vol. in-18.

ALFRED BINET (*Directeur du Laboratoire de Psychologie à la Sorbonne*)
L'Ame et le Corps

Depuis quelques années, le vrai problème de l'âme et du corps sollicite de nouveau l'attention du monde savant. M. Binet a voulu montrer que les progrès récents de la psychologie expérimentale ont eu un retentissement sur les spéculations les plus hautes et les plus abstraites de la philosophie. L'analyse de la sensation, de l'image, de l'idée, de l'émotion, telle qu'elle résulte des travaux les plus précis, oblige à poser en termes nouveaux la distinction du physique et du mental. Les anciennes hypothèses, le matérialisme, le spiritualisme, l'idéalisme, le parallélisme, le monisme, apparaissent maintenant comme frappées d'un vice radical, et doivent faire place à une solution nouvelle, et mieux adaptée aux données les plus importantes de la science...... 1 vol. in-18.

FÉLIX LE DANTEC (*Chargé de Cours à la Sorbonne*)
La Lutte universelle

Contrairement à Saint-Augustin qui affirme que les corps de la nature se soutiennent réciproquement et « s'aiment en quelque sorte » M. Le Dantec prétend, dans ce nouveau livre, que l'existence même d'un corps quelconque est le résultat d'une lutte. « Etre, c'est lutter » dit-il et il ajoute aussitôt : « Vivre, c'est vaincre ». L'auteur est amené en effet à classer les corps en trois

Catégories. Il n'y a là qu'une manière nouvelle de parler, mais cette manière de parler est assez féconde pour constituer un vrai système philosophique.................................. 1 vol. in-18.

LUCIEN POINCARÉ (*Inspecteur général de l'Instruction publique*)
La Physique moderne. — Son Évolution

M. L. Poincaré a pensé qu'il serait utile d'écrire un livre où, tout en évitant d'insister sur les détails techniques, il ferait connaître, d'une façon aussi précise que possible, les résultats si remarquables qui, depuis une dizaine d'années, sont venus enrichir le domaine de la physique et modifier profondément les idées des philosophes aussi bien que celles des savants.... 1 vol. in-18.

L. DE LAUNAY (*Professeur à l'École des Mines*)
L'Histoire de la Terre

Ecrire un ouvrage de géologie, sans termes rébarbatifs, sans mots latins, sans énumérations fastidieuses, sans termes techniques, sans figures ; faire une *Histoire de la Terre*, qui soit, à proprement parler, une Histoire, c'est-à-dire qui raconte simplement les faits du passé dans leur succession chronologique et qui ne devienne pas, pour cela, un roman, tel est le but difficile que s'est proposé M. De Launay.................................. 1 vol. in-18.

FÉLIX LE DANTEC (*Chargé de Cours à la Sorbonne*)
L'Athéisme

Voici, nous dit l'auteur, un livre de bonne foi ; et, réellement, le ton de l'ouvrage est tel qu'on pourrait se demander, le plus souvent, si l'on est en présence d'un plaidoyer pour l'athéisme ou pour la nécessité d'une foi religieuse.

M. Le Dantec commence par nous expliquer comment il a été amené fatalement et presque malgré lui à ses opinions philosophiques actuelles ; il ne les a pas choisies comme étant les meilleures : il les a subies pour ainsi dire et ne saurait, par conséquent, songer à les imposer aux autres. A notre époque de crise religieuse, ce livre, d'une lecture très facile, devra être dans toutes les mains.................................. 1 vol. in-18.

JULES COMBARIEU (*Chargé de cours d'Histoire musicale au Collège de France*)
La Musique. — Ses Lois et son Évolution

Dans ce travail, l'auteur s'est placé à un point de vue nouveau, qui n'est pas celui de Marx, de Gevaërt, de Riemann, et des autres grands théoriciens. M. Jules Combarieu ne s'est pas contenté d'exposer en langage très clair, avec exemples à l'appui, les *lois* de la musique — mécanisme du rythme, règles du contre-point, formes diverses de la composition, etc. — et de les replacer dans leur évolution historique : il les explique, en rattachant un état donné de l'art et de la théorie à l'état correspondant de la vie sociale ; de plus, il montre que la musique, tout en étant la forme la plus libre de la pensée, est en harmonie avec les lois fondamentales de la nature.................................. 1 vol. in-18 illustré.

Dr HÉRICOURT. — L'Hygiène moderne

Sous une forme toute nouvelle, et qui n'a rien de commun avec les traités d'hygiène classiques, toujours lourds et touffus, *L'Hygiène Moderne* du Docteur J. HÉRICOURT présente aux lecteurs du grand public un ensemble d'idées générales capables de les guider avec sûreté pour la solution de tous les problèmes concernant la conservation et la protection de leur santé.

L'hygiène de l'individu, l'hygiène de la maison et de la rue, l'hygiène des collectivités permanentes ou temporaires, y sont traitées dans leurs grandes lignes, en une série de chapitres d'une lecture attachante............................ 1 vol. in-18.

L. POINCARÉ (*Inspecteur général de l'Instruction publique*)
L'Électricité

Dans ce nouveau volume, M. Lucien POINCARÉ étudie les modes de production et d'utilisation des courants électriques et les principales applications qui appartiennent au domaine de l'électrotechnique.

L'auteur s'adresse au public éclairé qui s'intéresse aux progrès des sciences et lui présente, sous une forme très simple et facilement accessible, un tableau fidèle de l'état actuel de l'électricité .... 1 vol. in-18.

HENRI LICHTENBERGER (*Maître de Conférences à la Sorbonne*)
L'Allemagne moderne. — Son évolution

La science allemande s'est efforcée, depuis quelques années surtout, en de nombreuses publications individuelles ou collectives, de dresser le bilan du siècle écoulé. Il a semblé qu'il pouvait être intéressant de présenter au public français, sous une forme aussi simplifiée que possible et dans un esprit de stricte impartialité, quelques-uns des résultats généraux de cette vaste enquête. Dans cet ouvrage on a donc essayé de donner, en quatre livres, un tableau sommaire de l'évolution économique, politique, intellectuelle, artistique de l'Allemagne moderne.......... 1 vol. in-18.

D' GUSTAVE LE BON. — L'Évolution des Forces

Ce livre est consacré à développer les conséquences des principes exposés par Gustave Le Bon dans son ouvrage l'*Evolution de la Matière*, dont la 12° édition a paru récemment. — 1 vol. in-18 illustré de 42 figures.

GASTON BONNIER (*Membre de l'Institut, Professeur à la Sorbonne*)
Le Monde végétal

L'ouvrage que vient de rédiger M. Gaston Bonnier n'est pas, à proprement parler, un livre de Botanique.

Dans *Le Monde Végétal*, l'auteur, avant tout, expose les faits qui éclairent la philosophie des sciences naturelles ; il y passe en revue la succession des idées que les savants ont émises sur les végétaux ; il les commente et il les discute. — 1 vol. in-18 illustré de 250 figures.

ERNEST VAN BRUYSSEL (*Consul général de Belgique*)
La Vie sociale. — Ses évolutions

Ce livre expose dans son ensemble toute l'histoire de l'humanité. Il a pour but l'étude des idées sociales dès leur origine et à travers leurs évolutions, durant la succession des siècles. Ecrit largement, d'une synthèse claire et rigoureuse, il nous met, par une analyse raisonnée, en face de l'immense progrès qu'a réalisé l'esprit de l'homme dans le sens de la conquête de sa liberté matérielle et intellectuelle, simplement en exposant les faits ainsi qu'ils se sont succédé. C'est une leçon encyclopédique et à la fois un enseignement moral d'une haute portée.................. 1 vol. in-18.

ENVOI FRANCO CONTRE MANDAT OU TIMBRES-POSTE

www.ingramcontent.com/pod-product-compliance
Lightning Source LLC
Chambersburg PA
CBHW060407170426
43199CB00013B/2041